日本文化の通になる

スペイン語を話す人々のための日本事典II

Para ser una autoridad en la cultura japonesa

Enciclopedia sobre Japón actual para los hispanohablantes II

執筆・編集　遠西啓太
Autor　Keita Tonishi

監　修　カルロス・リベロス　アンティオキア大学教授
Supervisor　Carlos A. Riveros J.
Profesor de la universidad Antioquia, Colombia

目次　Índice de materias

その I

日本の自然・地理

Geografía y Naturaleza de Japón

I-1 El lago Biwa — Mother lake

El lago Biwa está ubicado en Shiga, la prefectura más oriental en la región de Kinki. Es el lago más extenso de Japón, ocupando un área de 670 kilómetros cuadrados (corresponde a alrededor de una sexta parte de la superficie de Shiga) y tiene la mayor profundidad de 103,5 metros. Pertenece también a los lagos más antiguos de nuestro planeta, datando de hace unos 4,4 millones de años. En la época de Nara (710-784) se comenzó a llamar Hamanako, el lago de agua dulce que estaba lejos de la capital, Totsuumi o Tomi; mientras que se llamó al Biwako cercano Chikatsuomi y la región en la que se encontraba ese lago se le denominó Omi, i. e. el mar cercano. En los documentos históricos, el nombre Biwako se hizo común desde hace 320 años aproximadamente. El nombre "Biwa" proviene del hecho de que la forma del lago se parece al biwa, un instrumento musical de cuerda antiguo.

Omi está cercano a Kioto y Nara, los centros de la civilización arcaica. Aquí la fuente gigantesca del Biwako está rodeada por los montes de Suzuka, Hira e Ibuki, a los pies de los cuales se extienden las vegas. En virtud de la geografía tan ventajosa se han formado desde primer período grandes poblaciones, que han dejado numerosos vestigios antiguos atrás en orillas del lago.

Ahora en la época de Reiwa Omi es célebre por tantos lugares pintorescos que todas las regiones alrededor del lago fueron seleccionadas al parque nacional por primera vez en Japón. Biwako posee 27.500 millones de toneladas de agua y abastece Kioto con 200 millones de toneladas anualmente a través del Sosui, un gran canal.

母なる 湖 琵琶湖

　琵琶湖は近畿地方東端の滋賀県にあり、面積は670平方キロ（県土のおよそ六分の一）、最大水深は103.5メートルの日本最大の 湖 、およそ440万年前に誕 生 した世界有数の古代湖だ。奈良時代、首都から遠い淡水湖の浜名湖を遠津淡海（遠海）、近い淡水湖を近津淡海、その国を近江と呼ぶようになった。文献によれば320年ほど前琵琶湖という名が定 着 した。琵琶の名は古代の弦楽器琵琶に似た 湖 の形 状 に由来する。

　近江は古代文明の 中 心地だった奈良や 京 都に近く、豊かな水源が鈴鹿、比良、伊吹山地に囲まれ、その山麓には沃野が開けている。この地形のおかげで早期から多数の人口を擁し、湖畔には古代の遺跡が多い。

　日本を代 表 する水郷近江は、 湖 の全域が日本で初めて国定公園に指定されただけに、令和時代の今も山紫水明の名 勝 地だ。275億トンの水 量 を誇る琵琶湖は疎水を通じ、年間２億トンの水を 京 都市に 供 給 する。また琵琶湖を水源とする瀬田川は宇治川の名のもとに 京 都を西進、大阪との 境 目で桂 川、木津川に合 流して淀川と名を 改 め、大阪、神戸を始め1450万人の 流 域市民に飲 料 水や工 業 用水を提 供 しながら大阪平野を下り大阪湾に注ぐ。そこで近隣府県は琵琶湖を「近畿の水がめ」と名付けがちだが、地元では関西人の生活や産 業 にこの 湖 の果たす役割の大きさを称え、マザー・レイクと呼ぶ人が多い。

　その愛 称 のとおり、琵琶湖は1700種以 上 の水生動 植 物や、60以 上 の鱒、鮎、蜆 などの固有種を育んでいる。一方自然の均衡

También el río Seta por su parte, lleva agua del lago a Kioto, donde se llama nuevamente el río Uji, confluye con el río Katsura y Kizu al límite con Osaka, cambia su nombre otra vez en el río Yodo. Yodo va hacia el sur de la planicie de Osaka suministrando a los más de 14.500.000 ciudadanos de la zona de Oaska y Hyogo el agua potable e industrial y desemboca finalmente en la bahía de Osaka. Así pues las prefecturas vecinas tienden a llamar al lago Biwa un cántaro de Kinki, pero la gente de Shiga quiere llamarlo el madre-lago elogiando el papel que desempeña para la vida e industria en Kinki.

Como este alias sugiere, Biwako cría más de 1700 especies de fauna acuáticos y más de 60 especies propias de truchas, conchas corbículas etc. Por otro lado, el lago era duro con objetos que se atreven a romper el equilibrio de la naturaleza; Los montes alrededor del lago sufrían repetidas veces las talas abusivas desde tiempos remotos, por ejemplo cada vez que ocurrían las construcciones de gran escala en Nara o Kioto, por lo que perdieron mucho la capacidad de retener el agua. Además Biwa tenía originalmente problemas en el control fluvial, porque en el lago desembocaban más de 450 ríos de varios tamaños mientras solo el río Seta sacaba fuera el agua. Al azotar lluvias torrenciales, gran cantidad de tierra y arena afluía en el lago subiendo el nivel de agua. Entonces el lago se desbordaba, inundando y afectando gravemente los arrozales. Todos los gobernantes sucesivos en Kinki habían desafiado a este embarazoso problema sin éxito. Era una familia plebeya que arregló por fin la cuestión. En 1781 hacia el final de la época de Edo, Naoshige Tarobe Fujimoto, un Shoya, un jefe de la aldea Fukamizo del distrito Takashima, se atrevio a pedir al shogunato de Edo que les diera una autorización de las obras de dragar el río Seta a sus expensas a los 200

に逆らうものに、湖は無慈悲な対応を示す。古くは奈良や京都の首都の造営に始まり、近江の山地は繰り返し森林を乱伐され保水力を奪われてきた。おまけに琵琶湖はもともと治水上の問題を抱えていた。なぜなら湖に流入する川は大小取りまぜおよそ450を数えるのに対し、湖から流出するのは瀬田川のみ、そのため豪雨の度に大量の土砂が湖に流入し水位が上がる。湖水はいきおい氾濫を繰り返し、農作に深刻な打撃を与えてきた。奈良時代から歴代の為政者が解決できなかった治水という難題を解決したのは、農村のリーダーだった。江戸後期、高島郡深溝村の庄屋藤本太郎兵衛は瀬田川の浚渫工事を藩に請願し続け、初願から半世紀後の1831年に幕府から川浚え自普請の許可を得て、祖父の代から三代かけてやっと地元農民の悲願を達成している。こうして実現した「天保の大浚え」は、人夫31万人、総工費7654両（2億5千万円）の大事業となり、治水と新田開発という地元の夢を叶えた。

　人々がこのように水と深く関わりながら生きてきた近江には、洗練された水の文化が残っている。その一例は高島市針江地区に残されている「カバタ」のシステムだ。比良山地に降った雪や雨が伏流水となってこの地域を流れ、四季を通じて湧き上がる。このきれいな水（地元では生水と呼ぶ）は、この地区170戸あまりの家々に飲料と炊事用水を提供する。人々は家の台所にそれぞれ端池と坪池と呼ぶ二重の水槽を持つ。ポンプで汲み上げた生水をまず自家の坪池に貯め、そこで炊事用に使った水を地区共用の水路に通じる端池に移し、ここで飼っている鯉に野菜の屑や飯粒を食べさせ、水を汚さないようにする。このシステムがカバタ（川端）である。針江の人々は水を神様から頂いたものと考え、敬意を払う。

shoya del distrito. Fue alrededor de 50 años después que, el nieto de Naoshige obtuvo la autorización del shogunato y realizó el deseo de los agricultores del país de Omi. Se movilizaron 310.000 peones e invirtieron 7.654 ryos (250 millones de yenes) en esa empresa de "gran dragar del río de la época de Tempo", que realizó también las explotaciones del nuevo arrozal, el sueño de esta región.

Como vivía relacionándose estrechamente así con el agua, la gente de Omi tiene una cultura refinada del agua. Un ejemplo es el sistema del Kabata, que se conserva en el distrito de Harie de la región de Takashima. Nieves y lluvias caídas en la montaña Hira afluyen en una corriente de agua subterránea que mana incesantemente en este distrito. El agua clara (se llama aquí el shozu, el agua fresca) se utiliza aquí para beber y cocinar en unos 170 hogares. Cada familia tiene en la cocina doble depósito de agua, tsuboike (estanque conservador) y hasiike (estanque del borde), un canal de agua de uso común que circunda el distrito. El shozu sacado con la bomba se reserva primero en el tsuboike, se utiliza para cocinar y pasa al hashiike. Los residuos de verduras y granos de arroz cocido sirven de comida a las carpas criadas aquí para no ensuciar el agua. Este sistema se llama Kabata. La gente del distrito de Harie rinde homenaje al agua tomándola por una bendición de Dios. Por eso el hogar con hashiike de arriba tiene consideración a los de abajo, y utiliza Kabata deseando devolver el agua limpia al lago y evacuando las aguas residuales con otro método. Tal estilo de la vida se aprecia mucho hoy en día a escala internacional como un ejemplo de coexistencia con la naturaleza. (HP, Nr.15)

川上の家は川下の家を思いやり、「きれいな水を琵琶湖に帰す」思いを込めてカバタを利用し、下水は独自に処理する。こうした生活様式は自然との共生の模範として、国際的にも高く評価されている。(HP15号)

(Una canción de niños en la región de Omi)　（近江のわらべうた）

¡Ven, ven, luciérnaga!	ほう　ほう　ほたる　こい
El agua es amarga allí,	あっちのみずは　にがいぞ
El agua es dulce aquí.	こっちのみずは　あまいぞ
¡ Ven, ven, luciérnaga!	ほう　ほう　ほたる　こい

針江地区一民家のカバタ　高島市教育委員会御提供
El kabata de una casa del distrito de Harie en la ciudad de Takashima, ofrecido por el consejo escolar de la ciudad

I - 2 El río Shimanto

El Shimanto es un río de la primera clase que pasa por la parte sudoeste de la prefectura de Kochi. Con 196 kilómetros de longitud y 2.270 kilómetros cuadrados de cuenca es el más largo de Shikoku. Recibiendo agua de más de 300 afluentes de varios tamaños, pasando entre las montañas y haciendo grandes meandros, desemboca en Shimoda de la ciudad de Shimanto en la bahía de Tosa y el Pacífico. Tiene varias particularidades; la cuenca consta comúnmente de tierras montañosas, excava muchas cavidades, la extensión de agua es larga en comparación con la superficie de la cuenca y el declive del lecho es suave.

Antes el río fue denominado Watari-gawa por el derecho fluvial, el nombre usado solo en la parte baja del curso, mientras que Shimanto era el nombre usado generalmente desde hace mucho tiempo en toda la cuenca. Entonces, después de que el río gozara de enorme popularidad gracias al programa especial de NHK, "El río Shimanto – la corriente clara, peces y hombres" de 1983, fue bautizado de nuevo con el nombre Shimanto en el año 1994. Acerca del origen del nombre Shimanto hay diversas opiniones, de las cuales se pone a menudo sobre el tapete la de Torahiko Terada[1]; shi significa muy y mamuta hermoso en la lengua aino.

La fuente del Shimanto es identificada como la parte más alta del valle Irazu en el monte Irazu con una altura de 1.336 metros. Ese monte se encuentra en la aldea de Tsuno, de la región de Takaoka en el sudeste del parque Shikoku-Karst, una meseta de piedra caliza con la altura entre 1.000 y 1.500 metros, extendiéndose unos 25 kilómetros del este al oeste. En las regiones del monte Irazu se conserva la selva de abeto y tsuga

四万十川

田坂和美（元民間研究所嘱託職員、高知県出身）

四万十は高知県の南西部を流れる、流路延長196キロ、流域面積2270平方キロの1級河川で四国最長の大河である。山間を縫い、大小300余りの支流を受け入れながら、大きく蛇行して四万十市下田で土佐湾・太平洋に注ぐ。流域の大部分が山地で、穿入曲流が著しく、流域面積に比べ流路が長いこと、河床勾配が緩いことは四万十川の特徴である。

四万十川の公式名称は1994年までは「渡川」であった。もともと下流域で使われていた名称の「渡川」が河川法上の公式名になっていたのである。しかし総体としては昔から一般に「四万十川」と呼ばれていて、四万十川ブーム（1983年、NHK特集「土佐・四万十川―清流と魚と人と―」が呼び水になった）に押されるなか公式名は「四万十川」に改められた。四万十川の名称の由来については諸説あるが、よく挙げられるのは、寺田寅彦[1]がアイヌ語と対応させた「シ」（はなはだ）「マムタ」（美しき）説である。

四万十川の源流点は、四国カルスト（標高1000メートルから1500メートル、東西約25キロの石灰岩台地）の東南に位置する高岡郡津野町の不入山（標高1336メートル）、不入渓谷の最上流域とされている。不入山一帯はモミやツガを主とする原生林が残る「四万十川源流の森」で「水源の森百選」（林野庁）に指定され

sieboldii principalmente, "la selva en la fuente del río Shimanto", indicada como una de las "100 selvas de la fuente de agua" por el Departamento de Silvicultura.

De aquí el río va al sur hacia la orilla del mar, entonces en la meseta de Kubokawa (o Konan) se dirige al oeste. Aunque el 90 % de la cuenca del Shimanto son tierras montañosas, Kubokawa en la parte superior del río como la llanura Nakamura en la parte baja, tienen terrenos llanos, que la agricultura muy desarrollada ha convertido en uno de los más fecundos graneros de Kochi. Kubokawa es también conocido por todo el país debido a los movimientos de los habitantes que duraron casi 10 años disuadiendo la invitación de una Central Nuclear.

Después de cambiar de ruta hacia el oeste en Kubokawa, el Shimanto se confluye con el río Yusuhara en Taisho en la aldea de Shimanto. Yusuhara es el afluente más grande del Shimanto. Al remontar este río se halla un embalse de Tsuga cuyo dique tiene una altura de 45.5 metros. En la construcción de este embalse se movilizaron en 1940 (se terminó la obra en 1944) numerosos coreanos, no pocos de los cuales cayeron víctimas de duros tratamientos y de los peligrosos trabajos. Antaño ciprés japonés y su carbón de buena calidad fueron producido aquí y transportados por balsas o barcas del estilo de Takase hacia Nakamura bajando el río.

En esta zona se encuentran la estación de JR de Tokawa a continuación de la de Tosataisyo y Tosashowa. Aquí en abril y mayo se unen ambas orillas del río con cables, en los que se cuelgan flameando unos centenares de koinobori (un adorno tradicional en forma de carpa para orar por el crecimiento saludable de muchachos). El nombre del lugar

ている。

　川は、そこから海岸の方向に南下して、窪川台地（高南台地とも言う）で西に向きを変える。四万十川流域の約90パーセントは山地であるが、上流域のこの窪川の地は下流域の中村平野とともに平坦な土地を擁し、農業が盛んで県下有数の穀倉地帯でもある。過去に、原発誘致を10年近くに及ぶ住民の反対運動で止めたことは全国に知られる。

　窪川で西に向きを転じた川は、四万十町大正で檮原川と合流する。檮原川は四万十川の最大の支流で、これを遡ると、堤高45,5メートルの津賀ダムがある。戦時下の1940年に着手（44年竣工）されたこのダム建設工事には、多くの朝鮮人も使われ、劣悪な処遇と危険な工事で犠牲者も少なくなかったという。その昔はこの地域で産出された良質の檜や木炭などが、筏や高瀬舟で中村まで下った。

　JR土佐大正から土佐昭和の次に十川という駅がある。4、5月期には、四万十川両岸を繋いで数百匹の鯉のぼりがはためく。四万十川の名称の由来については、この十川の地名と源流域の「四万川」の名を合わせて四万十川となったという説もある。ここから4キロほど下った先の河成段丘の上では、縄文時代[2]の遺跡（広瀬遺跡）が発掘された。土器とともに石錘などが多数出土しており、縄文人が網を使って漁をしていた様子が想像される。縄文遺跡は高知県の西部では他にもいくつか存在する。

　川はさらに下って四万十市江川崎付近で愛媛県に源流をもつ支

Tokawa se junta posiblemente con el nombre de la cabecera del río Shima para formar el nombre Shimanto según una otra opinión. Casi 4 kilómetros más abajo de aquí, sobre la terraza aluvial, existen las ruinas (de Hirose) del período Jomon[2], donde se excavó numerosas vasijas de barro y plomadas de piedra. Podemos imaginarnos que la gente de Jomon pescaba con red en el río. Otras ruinas del período Jomon se hallan también en la parte occidental de la prefectura.

Al descender un poco más, el Shimanto confluye en la vecindad de Ekawasaki de la ciudad de Shimanto con el río tributario Hiromi que proviene de la prefectura de Ehime, y entonces un poco más abajo con el río Meguro. Después se dirige otra vez hacia el sur ampliando la anchura. En la cercanía están "chinkabashi", los puentes sumergibles, un símbolo del Shimanto. Estos son diseñados para los casos de que se hundan debido a las crecidas del agua o inundaciones por lo que no tienen barandillas que ofrezcan resistencia al agua. Chinkabashi se hallan también en otras prefecturas con la denominación de sensuikyo o moguribashi, los puentes que se sumergen. Sobre el Shimanto habían sido construidos muchos desde la década de 1950 hasta la de 1970. Luego algunos fueron derruidos al construirse puentes a gran escala. Sin embargo en 1988 la provincia de Kochi ha decidido legarlos a la posterioridad como una herencia de la cultura de la vida así que se conservan 22 sobre el Shimanto y 26 sobre los afluentes.

Al fluir un poco más abajo de Egawasaki, se reúne con el río Kuroson, que se estima como el más hermoso de todos los afluentes del Shimanto y es nombrado "una de las cien aguas excelentes de la época de Heisei" por el Ministerio del Medio Ambiente. Su cuenca se designa para "el parque modélico de armonía del hombre y la naturaleza" por la prefectura

流広見川、やや下って目黒川と合流し、川幅を広げて再び南下する。近くには四万十川のシンボル的存在になっている沈下橋がある。沈下橋は、増水・洪水の際は沈むことを前提にし、流れの抵抗になる欄干のない橋で、「潜水橋」「もぐり橋」などの名で他県にもある。四万十川では1950年代から70年代に多く掛けられた。その後、大掛かりな橋の架設に伴い取り壊されたものもあるが、1998年に高知県が「生活文化遺産として後世に引き継ぐ」としてその保存を決め、現在本流に22、支流に26の橋が登録・保存されている。

江川崎からさらに下って黒尊川が合流する。黒尊川は、四万十川支流で最も美しいと言われ「平成の名水百選」（環境省）に選定され、流域は県の「人と自然が共生するモデル地区」になっている。

下流域にはいると川幅は一段と広くなり、そこは土佐の古都・四万十市中村である。中村は「土佐の小京都」とも言われ、応仁の乱の難を避けて下向した一条教房が、京都に倣って街づくりをしたとされる地である。川はここで後川、中筋川を合わせ、四万十市下田で土佐湾に流れ込む。

「日本最後の清流」と言われる四万十川であるが、透明度は往時と比べ著しく低下している。川魚漁を専業として成り立たせ、また兼業として流域住民の貴重な収入源になっていた鮎、鰻、エビ、カニなどの漁獲量は大きく落ち込んでいる。四万十川の清流を取り戻すために、県や関係市町村、NPOや、任意団体

de Kochi

El Shimanto aumenta aún más su anchura en la cuenca baja, entrando en el distrito de Nakamura, el centro antiguo de la ciudad de Shimanto. Nakamura se le denomina también Kioto pequeño de Tosa, ya que dicen que Norifusa Ichijo hizo construir este barrio imitando las calles de Kioto después de haber huido hasta aquí evitando la rebelión de Onin. Aquí confluyendo con el río Ushirogawa y Nakasujigawa el Shimanto desemboca en Shimoda en la bahía de Tosa.

Aunque es llamado "la última corriente clara y limpia de Japón", la tranparencia del agua del Shimanto ha bajado notablemente comparada con antaño. La cantidad de pesca de trucha, anguila, camarón, cangrejo etc. está disminuyendo tanto que los pescadores costeros y los a tiempo parcial pueden apenas ganarse la vida sólo con la pesca más. Por eso la prefectura, los ayuntamientos, los NPO y las organizaciones voluntarias se dedican a recobrar el agua clara y limpia. Integrado en la vida humana, pero no haciendo caso de tal movimiento de los hombres, el Shimanto continua recorriendo la vida del pueblo desde el período remoto tranquila y relajadamente en su viaje hacia el Océano Pacífico. (HP, Nr.32)

Nota:

1. Torahiko Terada (1878-1935) : Físico célebre. Conocido también como ensayista y poeta del haiku. El proverbio, "los estragos naturales vienen cuando los hemos olvidado" es el aforismo de Terada.

2. El período Jomon es una época de la historia del archipiélago japonés desde alrededor de 14.000 hasta 1.000 años antes de Jesucristo. Las diferencias de Paleolítico se hallan en el descubrimiento de la cerámica, el uso del arco y flecha y domicilios fijos.

によってさまざまな取組みもなされている。川は、このような人間の営みを後目に、悠久の昔から流域の人々の暮らしのなかに溶け込み、淡々と、かつ悠然と太平洋に向かって流れ続けている。（HP32号）

註

1．寺田寅彦（1878-1935）高名な物理学者。随筆家、俳人としても名が通っている。「天災は忘れたころにやってくる」は寺田の遺した箴言である。

2．日本列島の時代区分のひとつ。紀元前14.000年頃から紀元前1.000年頃までとされている。旧石器時代との違いとして、土器と弓矢の使用、定住化などがあげられる。

四万十の穏やかな流れ　田坂和美さん御提供
El corriente tranquilo del río Shimanto Ofrecido por Sra.Kazumi Tasaka

I - 3 Yukionna — Una pesadilla en las regiones de fuertes nevadas

En *la enciclopedia ilustrada de los cien monstruos* que el pintor Sushi Sawaki en el período medio de la época de Edo representó según el estilo tradicional, está incluida una figura de la Yukionna, la mujer de nieve, entre los monstruos horrorosos. Aquí la yukionna, una mujer con el pelo largo y despeinado, vestida con un kimono blanco no forrado, queda sola de pie en el campo cubierto de nieve. No parece ser una bruja siniestra sino un hada de nieve efímera inspirando una compasión de alguna manera. Igualmente en el capítulo "Yukionna" de *Los cuentos en Tono*, el autor Kunio Yanagida toma a esta mujer por un hada: "En invierno a los niños de la aldea les gusta ir juntos a la colina un poco elevada y subir al trineo. [...]Pero, en la noche del 15 los mayores de la familia les advierten muy seriamente: '¡Oíd! Hoy sale la yukionna. ¡Volved pronto a casa!' "(la traducción coloquial de la editorial Kawade). En la figura de la yukionna, que aparece en koshogatsu, el secundario Año Nuevo, se refleja la creencia del toshigami, el dios del año que desciende del cielo al comienzo del año y visita cada hogar para otorgar la fortuna. Por otro lado la yukionna era originalmente una princesa de la luna conforme a la leyenda de la comarca de Oguni en la prefectura de Yamagata. Después de llegar a la Tierra, atraída por el mundo terrestre, no pudo volver al cielo más, por lo que aparece en la noche de nevada y secuestra a niños de la aldea.

Tal imagen misteriosa y pastoral de la yukionna se oscurece sobre todo por el cuento macabro *La yukionna* de Yakumo Koizumi.

豪雪地帯の夢魔 ―雪女

江戸中期の絵師佐脇嵩之が伝統的な様式に沿って描いた『百怪図巻』には、醜怪な魑魅魍魎に混じって雪女の図が納められている。白い一重の着物姿で雪原に悄然と立つ乱れ髪の女は、妖怪というよりむしろ雪の精のように儚げで哀れを誘う。柳田国男の『遠野物語』でも、雪女は妖精だ。

「小正月の夜、[…]雪女が出るといわれています。[…]里の子どもたちは、冬になると近くの小高い丘に行き、みんなでそり遊びをするのが楽しみです。[…]しかし、15日の晩だけは[…]家の人たちに「今日はな、雪女が出るんだがら、おめだちも早く帰ってこいよ」といつもより強く注意されます」。(河出文庫口語版)。

正月に出るという雪女には歳の初めに降臨し、家々を訪ねて豊穣をもたらす歳神さまの伝承が投影されている。一方山形小国地方の民話では、雪女は月の世界のお姫さまだった。地上界に憧れて舞い降りたはよいが、そのまま月に戻れなくなり、雪の夜に現れては里の子供を攫ってゆく。

このように神秘性や牧歌性を帯びた雪女像を圧倒するのが、小泉八雲の小説『雪女』だ。武蔵の国の山村に住む若い樵巳之吉は、ある日親方の茂作とともに遠方の森を訪ねた帰路、大吹雪にあい渡し守の小屋で嵐を凌ぐ。深夜ふと目が覚めると、白装束の美しい女が茂作の上にかがみ込み、まっ白な息を吹きかけているではないか。ついで巳之吉に息を吹きかけようとした女は、男の顔をしばらく見つめてから微笑み、お前は若くてきれいだから殺さ

Minokichi, un leñador joven en una aldea montañosa de Musashi, fue un día con su maestro Mosaku a un bosque lejano. En el camino de vuelta, los sorprendió tan gran tormenta de nieve que pasaron la noche en una cabaña del barquero. Al despertarse de repente a medianoche, Minokichi vio a una mujer vestida con un kimono blanco inclinada hacia Mosaku soplar el vaho blanquísimo de su aliento.

Al poco rato la mujer se acercó a él para lanzarle igualmente su vaho, no obstante después de mirar su rostro un rato sonrió diciendo: "A ti te perdono la vida porque eres joven y guapo. Pero, si se te ocurre contar a alguien lo que has visto esta noche, morirás." La mujer salió y Minokichi se desmayó al saber que Mosaku había muerto congelado.

Unos años después, Minokichi se encontró en el bosque con una muchacha joven y guapa. Ella se llamaba Oyuki (nieve). Oyuki se quedó en su casa como su novia. Dio a luz a diez niños, pero extrañamente permanecía joven y guapa. Una noche de nieve, al mirar a su esposa tejer a la luz de una lámpara de papel, Minokichi se dio cuenta de que Oyuki era idéntica a aquella horrible mujer. Ella entonces le pidió hablar del estremecedor suceso y él accedió por la primera vez. Cuando su relato terminó, Oyuki se levantó de repente y gritó: "Te dije que nunca hablaras de lo que viste. Esta vez te lo perdono por las criaturas que tenemos, pero si no cuidas bien de los niños, te mataré." Entonces desapareció convirtiéndose en niebla blanca.

Un ser que quiere matar como si nada a uno que adoró a primera vista y amaba entonces innumerables veces, no es más un hada atractiva, sino un demonio blanco. El cuento *La yukionna* es originalmente una leyenda de la región occidental de Kanto que Yakumo recogió de un agricultor en Chofu. Seguramente se reflejan aquí el miedo abismal de la gente de

ないでおく、今夜見たことを誰にも言ってはならない、言えばわたしはおまえを殺す、と言いおいて姿を消す。茂作がすでに凍死しているのを見て、巳之吉は恐怖のあまり気を失う。

　それから何年か経ち、巳之吉は森でお雪という美しい娘に出会う。お雪は妻となって十人の子を産むが、不思議なことにまったく年をとらず、美しい。ある雪の降る夜、行燈の灯りのもと針仕事をするお雪を見つめているうち、巳之吉はあの恐ろしい女にお雪がそっくりなことに気づき、せがまれるままぞっとするあの夜のことを初めて口外する。彼が話しおえると、お雪はつと立ちあがり叫びだす、あの夜見たことを決して人に言うなと命じたはずだ、この子供たちがいなければわたしはお前を殺しただろう。この先この子らに何かあった時は覚悟しておけと言いおき、白い霧と化して消えさる。

　自ら見初め、幾度となく情を重ねた男をこともなげに殺めようとして、女は魔物の本性を顕す。『雪女』は、八雲が調布の一農夫から取材した関東西部に伝わる昔話だ。辺境の人々が体験してきた雪の底知れない恐ろしさを如実に伝えている。

　日本列島は南西から北東へ斜めに長く伸びた形をとるが、最北端の北海道でも北緯は45度にとどまり、ベルリン、パリ、ロンドンなどの都市よりも南方の湿潤温暖帯に属している。ところが年間降水量が世界平均の二倍にあたることから、降雪量はカナダ・アメリカの国境、スカンジナビアの西側など世界的に有名な豪雪地に引けをとらない。豪雪地帯は北海道から東北一帯を含み、日本海に沿って島根県まで南下する。防災科学技術研究所の集計で

las aldeas por fuertes nevadas.

El archipiélago japonés se extiende del sudoeste al nordeste largamente inclinándose, estando la extremidad septentrional casi a 45 grados de latitud norte, y se ubica al sur de muchas ciudades europeas como Berlin, Paris y London. No obstante, como la pluviosidad anual es dos veces más del promedio mundial, Japón tiene abundante nieve en invierno, aunque pertenece a una zona subtropical húmeda, casi igual que las regiones conocidas por fuertes nevadas a escala mundial como la frontera entre EE.UU. y Canadá o el lado occidental de Escandinavia. La gran nevada envuelve no solo Hokkaido y Tohoku, sino también las regiones a lo largo del Mar de Japón hasta la prefectura de Shimane. Según National Research Institute for Earth Science and Disaster Resilience las víctimas de nevadas se calculan de 100 a 300 personas en 15 provincias de mucha nieve y las gravemente heridas 4 veces más desde el año 2000. Aquí no están incluidas las víctimas de los accidentes de tráficos o en montes. Se trata solo de los accidentes que las nevadas provocan irrumpiendo en la vida cotidiana de los residentes, como la caída al suelo retirando la nieve del techo o la ruina de la casa por la avalancha. Además, antes, cuando las redes del tráfico o de comunicación eran escasas y el sistema de prevención de desastres no estaba desarrollado, el número de accidentes de ese género pudo haber sido varias veces mayor.

Así, los sentimientos para con la nieve que los habitantes de las regiones con fuerte nevada abrigan, dan a la yukionna varias características locales conforme a las tradiciones populares de cada área.

Hay también una tradición que identifica a la yukionna con mujeres

は、2000年以降雪害による死者数は、雪の多い15道府県で計100人から300人で推移、重傷者はその4倍と推計されている。それも交通事故や山岳事故は含まず、雪下ろしや雪崩による家屋の倒壊など、豪雪が人々の日々の暮らしに割り込んできて引き起こす事故に限定された数値である。通信網や交通手段が乏しく、防災体制が整備されていなかった時代には、犠牲者の数はこの何倍にも及んだのではないだろうか。

　豪雪地方の人々の懐く雪への情感は、それぞれの地方的伝承との兼ね合いで雪女の形象に独自の色彩や陰影を施す。一部の地域では雪女は薄幸の女性の代理機能を果たし、吹雪の夜に行き倒れたり、難産で死んだ女の霊になる。そして通りすがりの男に凄まじい暴力を加えたりする。いずれにせよ、雪女に通底する特徴はやはり魔性だ。伝承を訪ねる都度、雪女の性格がますます凄みを帯びてくるのはそのためだろう。

desgraciadas: el espectro de la mujer que cayó muerta en el camino en una noche de ventisca o el espíritu de una mujer que falleció en embarazo y estas yukionna les usan la violencia espantosa a los hombres que pasan por casualidad. Sin embargo, el sentimiento principal es por supuesto el miedo por el monstruo blanco. A medida que nos informamos de las tradiciones de varias comarcas, el carácter de la yukionna se hace más atroz.

小泉八雲肖像　小泉八雲記念館御提供
Un retrato de Yakumo Koizumi, ofrecido por la sala memorial de Yakumo Koizumi

I-4 El monte Ontake

El Ontake es un volcán gigantesco con una altura de 3.067 metros, situado en el límite de las prefecturas de Gifu y Nagano. Desde tiempos remotos los devotos del shugendo admiraban como una deidad esta montaña, donde según ellos creían las almas encontraran un retiro feliz. A partir del fin del siglo XVIII, cuando se abrió la ruta de montaña, casi 500 mil creyentes la subían cada verano en traje blanco. Aunque el Ontake se clasificaba en la categoría de volcán según sus caracteres geofísicos, nunca se había registrado una erupción aun en los documentos locales, asi que se consideraba como un volcán extinto.

Sin embargo, el Ontake entró bruscamente en 1979 en actividad volcánica arrojando las cenizas que alcanzaron a Maebashi en la prefectura de Gunma. Aunque esta primera erupción desde los albores de su historia no provocó víctimas, hizo que el departamento meteorológico derogara la categoría de volcán extinto. Y 35 años más tarde, el 27 de septiembre 2014 poco antes del mediodía, entró en erupción en gran escala esta vez. La erupción freática lanzó una lluvia de innumerables rocas entre 50 y 60 centímetros de diámetro con velocidades máximas entre 350 y 720 kilómetros por hora en un radio de 1 kilómetro del cráter, echando también cenizas de alta temperatura. Ese día el departamento meteorológico no dio ninguna alarma, porque no se percató cuenta de ningún movimiento de magma a pesar de que se habían observado pequeños terremotos volcánicos a mediados de septiembre. Así la gente estaba practicando senderismo sin ninguna preocupación. De septiembre a octubre el Ontake atrae a muchos

御嶽山

御嶽山は岐阜県と長野県の境に聳える標高3067メートルの巨大な山岳である。古来修験者はこの山をご神体と仰ぎ、死後の魂の安住の地と見なしてきた。18世紀末から登山道が開かれて、夏に登頂する白装束の信者の数は50万に及ぶ。御嶽は地球科学上火山に分類されながら、噴火の記録が地元史にも残っておらず「死火山」と見なされていた。

ところが1979年に山は突如噴火し、火山灰が群馬の前橋にまで届いた。この有史初の噴火は犠牲者を伴わなかったが、これを機に気象庁は「死火山」という用語を撤廃している。それから35年後の2014年9月27日正午前大規模な噴火が起こった。水蒸気爆発により、火口から一キロの範囲で直径50-60センチ大の噴石が最大時速350-720キロで雨霰と降り注ぎ、加えて高温の火山灰が飛び散った。9月中旬に弱い火山性地震が記録されたものの、マグマの上昇を示すデータが観測されなかったため、当日気象庁は警報を発しておらず、登山客は不意をつかれた格好だった。御嶽山の山頂付近はとくに紅葉の名所として知られ、見頃は9月から10月、しかも当日は晴天の土曜日、噴火時には山頂の近くから絶景を楽しみながら昼食を取ろうとして、ハイカーが火口付近に集結するという不幸な偶然が重なり被災者が増えた。その結果、戦後最悪の火山事故だった1991年の雲仙・普賢岳よりはるかに小さい噴火規模でありながら、当時の死者43人を超え、58名もの犠牲者を出すことになったのだ。

turistas por sus hojas coloradas que son especialmente bellas en los sitios cercanos a la cima. Ese domingo estaba despejado y hacia el mediodía los alpinistas se dirigieron al cráter para tomar el almuerzo gozando de una vista maravillosa desde la cumbre. Debido a estas malas casualidades acumladas el número de las víctimas mortales aumentó a 57, superando las 43 que había provocado el flujo piroclástico de montaña Fugen de Unzen en 1991. El caso del Ontake representó el mayor accidente volcánico en la posguerra, aunque la escala de la erupción era mucho menor que la de Unzen.

La policía, las Fuerzas Armadas de Autodefensa y el cuartel de bomberos organizaron cada día un equipo cooperativo de búsqueda y socorro, pero en octubre decidieron suspender la búsqueda a gran escala hasta la siguiente primavera por el temor de los accidentes secundarios.

Esta erupción del Ontake ha demostrado nuevamente que el archipiélago japonés puede exponerse a gran pelígro. Los volcanes se ubican en forma de cinturón a lo largo del borde de los continentes, y encontrándose sobre una faja volcánica, Japón es uno de los países con mayor número de volcanes. Aquí hay más o menos 200 volcanes que erupcionaron en el Período Cuaternario, es decir desde hace 1,8 millones de años hasta hoy, y alrededor de 83 de estos siguen activos. En resumen, en un terreno de 0,25 % de todas las tierras del globo, viven 1,6 % de la población mundial con un 7 % de los volcanes activos de nuestro planeta. Nosotros debemos hacernos a la idea de que volcanes en descanso a largo plazo entrarán bruscamente en feroces actividades. Los volcanes pueden provocar desastres desmesurados. Así pues, Japón debería abandonar lo antes posible su política de energía basada en las centrales nucleares. (HP, Nr.21)

警察、自衛隊、消防署は協同して連日救助・捜索隊を編成したが、10月に二次災害の危険が高まったことから、大規模な捜索は翌春に持ち越された。

　御嶽山の今回の爆発は、あらためて日本列島がいかに大きな危険を孕んでいるかを示した。火山は大陸の縁の部分で帯状に分布しており、その火山帯の上に位置する日本は屈指の火山国にあたり、第四紀火山、つまり過去180万年間に噴火した火山は約200、そのうち活動的な火山は83を数える。つまり地球上の陸地総面積の0.25％にも満たない国土に、全人口の1.6％が住み、全世界の活動的な火山の７％を擁しているのである。長い間活動を休止していた山が突如爆発するケースは、今後も覚悟しておかなければならない。火山はただでさえ桁違いの大災害を引き起こしかねないため、原発に頼る日本のエネルギー政策は、一刻も早く見直す必要がある。
(HP21号)

木曾おんたけ観光局御提供
Ofrecido por la oficina turistica del monte Kisoontake

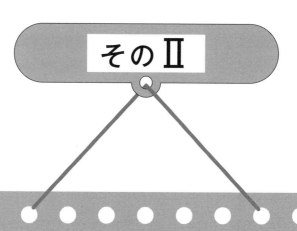

その II

にほん　でんとうぎょうじ
日本の伝統行事

Rituales y Actividades
tradicionales
de Japón

Matsue — El escenario del mito en Izumo

Según cuenta *Kojiki* (*el registro de cosas antiguas*), la crónica más antigua sobre Japón, la diosa Amaterasuokami observó desde Takamagahara (el país celestial) que el país Ashiharanonakatsukuni (el país terrestre) era pacificado y dominado por Okuninushinookami, y por eso le expidió a un enviado especial exigiéndole la concesión de su territorio. Okuninushi dio su consentimiento a condición de que se edificase su palacio tan majestuoso como la residencia de la madre de la familia imperial. Conforme a este acuerdo, se estableció Amenomiaraka (palacio) cerca de la playa de Tagishi en Izumo. Así es la leyenda sobre el origen del gran santuario Izumo actual, el lugar que se enorgullece de su apariencia imponente teniendo a su espalda la montaña Yakumo en la parte occidental de la península de Shimane.

En el año 2000 se excavó en el recinto del santuario Izumo el uzubashira, el pilar que aguantaba el techo del santuario principal. Este pilar que fue presuntamente construido alrededor del siglo XⅢ, está compuesto de tres pilares liados por un aro metálico y tiene el diámetro de 3 metros. Conforme al "diseño del aro metálico" transmitido por la familia del sacerdote jefe del santuario, la escalinata tenía la longitud de aproximadamente 109 metros. La altura del santuario principal no se registró aquí, pero se deduce que era 48 metros, dos veces más alta que la actual, lo que hace imaginar su aspecto grandioso.

Un kilómetro al oeste del santuario Izumo se encuentra la playa de Inasa, el escenario de la leyenda de ceder el país y de coserlo atrayendo pequeñas tierras[1]. Era también el sitio donde desembarcaban dioses en

松江 —出雲神話の舞台

加藤克夫（歴史研究家）

　『古事記』によれば大国主大神が葦原中国（地上界）を平定し、支配しているのをみた高天原（天上界）の天照大御神は、特使を派遣して、大国主に国土の譲渡を迫った。大国主は自分の宮殿を皇祖のそれと同じように立派なものとすることを条件に国譲りに同意する。この約束にもとづいて出雲の多芸志の浜に「天之御舎」（宮殿）が造営された。これが島根半島西部の八雲山を背にして威容を誇っている現在の出雲大社の起源に関する伝説である。

　出雲大社の境内から、2000年に本殿を支える柱＝宇豆柱（三本の柱を金輪でくくった直径3メートルの柱）が出土した。これは13世紀頃のものと推定されるが、大社の宮司家に伝わる「金輪の御造営差図」によれば、階段の長さは約109メートルあった。本殿の高さは記されていないが、現在の倍の48メートルあったと推定されており、その威容が偲ばれる。

　出雲大社の西1キロには、国譲り神話や国引き神話[1]の舞台となり、「神在月」（旧暦の10月。全国の八百万の神々が相談のために出雲に集まるので、出雲ではこう呼び、他の土地では神々が留守になるので「神無月」という）に各地の神々が上陸する地点といわれる稲佐の浜がある。

　出雲大社に近い斐川町には国内で最も多い358本もの銅剣や6

"kamiarizuki", el mes de la presencia de dioses, como se llama el octubre del calendario lunar, porque ocho millones de dioses se reunían allí de varias regiones de Japón a Izumo para consultarse, mientras que en otras regiones octubre se llamaba "kannazuki", el mes de la ausencia de dioses.

En el pueblo de Hikawa cerca del santuario Izumo están situadas las ruinas de Kojindani en las que se hallaron 358 espadas de cobre, excavación récord de Japón y también 6 dotaku[2]. Entonces de las ruinas de Kamoiwakura, un poco al sur de Kojindani, se desenterraron también 39 dotaku. Además en el área alrededor de Izumo de la región de Sanin se descubrieron sepulcros con sobresalientes cuatro esquinas (grandes sepulcros cuadrados con una forma peculiar cuyas esquinas evocan la figura de la estrella de mar) de la segunda mitad del período posterior de Yayoi[3]. Basándose en estos vestigios historiadores suponen que había en Izumo un gran poder (la realeza Izumo) con la cultura particular.

En el sur del santuario Izumo corre el río Hii que nace en la montaña de Chugoku y desemboca en el lago Shinji. Este río es famoso como el escenario de la leyenda de Yamatanoorochi. Según *Kojiki*, Susanoonomikoto, expulsado del cielo, Takamagahara, encontró cerca del corriente superior del río a un matrimonio anciano que lloraba con una muchacha a su lado. Al preguntarles la razón, respondió: "ha llegado el momento en el que el monstruo va a venir. Tiene las ojos tan rojos como alquequenjes, un cuerpo con ocho cabezas y ocho colas. Su longitud llega a ocho valles y ocho colinas. En su espalda crecen musgos, cipreses y cedros. Su panza está inflamada y cubierta con sangre. Cada año se traga a nuestras hijas una a una, y ahora tenemos que ofrecer a la

個の銅鐸[2]が出土した荒神谷遺跡があり、その少し南の加茂岩倉遺跡からは銅鐸39個が出土している。また出雲を中心にした山陰地方からは、弥生時代[3]後期後半の四隅突出型墳丘墓（四隅がヒトデのように飛び出した特異な形の大型の方形墳丘墓）も発掘されており、出雲には独自の文化をもつ大きな勢力（出雲王権）が存在したと推定されている。

　出雲大社の南方には、中国山地を源流とし、宍道湖に流れ込んでいる斐伊川があり、ここは八岐大蛇伝説の舞台として知られる。『古事記』によれば、高天原（天上界）から地上界に追放された須佐之男命は、斐伊川の上流で、老夫婦と娘が嘆き悲しんでいるのに出会った。訳を尋ねると、目はホオズキのように赤く、頭と尻尾が八本ずつあり、体長は八つの谷と八つの丘にわたるほど長く、背には苔・檜・杉が生え、腹は血まみれに爛れた大蛇が毎年あらわれて、七年に七人の娘がとられ、最後の一人も今度とられる運命にあるという。須佐之男は大蛇退治を約束して、夫婦に毒を入れた強い酒を作らせ、八つの入り口に酒樽を置いた。酒好きの大蛇がこれを飲み、酔って寝たところを須佐之男は剣で斬殺する。

　須佐之男は、このとき大蛇の尻尾からでてきた太刀（草薙剣）を高天原の天照大神に献上し、助けた娘・櫛名田比賣と結婚する。（出雲大社の祭神・大国主大神は、二人の子供の五世の孫である）。この八岐大蛇伝説を題材にした石見神楽の華・大蛇の勇壮な舞は、一見に値する。ジブリ社[4]のアニメ『もののけ姫』にはたたら製鉄[5]が登場するが、斐伊川上流の奥出雲地方は、古代から良質な砂鉄が豊富に産出され、たたら製鉄が盛んな地域であった。

última de ocho hijas." Susanoo le prometió al matrimonio exterminar a la serpiente gigantesca, le mandó hacer sake fuerte y venenoso, y colocó una cuba de sake a cada una de las ocho entradas. Cuando la serpiente bebedora bebió y se durmió, Susanoo la mató a espada.

De una cola de la serpiente salió una espada (kusanagi no tsurugi) que Susanoo obsequió con respeto a Amaterasuokami en Takamagahara, y se casó con Kushinadahime, la hija que salvó. Okuninushinookami, la deidad a la que el santuario Izumo se consagró, es la quinta generación del hijo de esa pareja. Esta leyenda la trata el Iwami-kagura, la música y danza sagrada sintoísta, cuya quintaesencia, la danza heroica contra la serpiente gigantesca merece la pena ver. Además en *Mononokehime*, una animación de Ghibli[4] se trata del Tatara[5]. Okuizumo, la parte interior de Izumo que es también la parte más alta del río Hii, es rico en arena ferruginosa de buena calidad por lo que la técnica de tatara se desarrolló desde tiempos remotos.

El río Hii desemboca en el lago Shinji, el séptimo lago más grande de Japón con una anchura de 17 kilómetros y una longitud de 6 kilómetros, extendiéndose entre las ciudades Matsue e Izumo. Este lago tiene agua salobre, llega al Mar Japonés a través del río Ohashi y el lago Nakaumi. Shinji es también rico en peces y mariscos. Lubina, langostino, anguila, hypomesus nipponensis, concha corbículidae, carpa y salangidos son asi llamadas siete rarezas cogidas en Shinji.

Temprano numerosas barquitas se deslizan con rapidez, como si quisieran conseguir el primer puesto, sobre el agua llana como un espejo bajo los primeros rayos del sol, entonces pescadores cogen conchas con la parte inferior del cuerpo dentro del agua en cercanía de sus barquitas esparcidas por el lago. Este paisaje plácido evoca el ukiyoe (xilografía) de

その斐伊川が流れ込んでいるのが、松江市と出雲市にまたがり、東西17キロ、南北6キロと日本で7番目に大きな湖、宍道湖である。宍道湖は、汽水湖で、大橋川、中海を経て日本海に通じている。宍道湖は魚貝類も豊富で、スズキ、モロゲエビ、ウナギ、アマサギ（ワカサギ）、シジミ、コイ、シラウオは宍道湖の七珍と呼ばれる。
　早朝、朝日を浴びて何艘もの小船が先を競いあって鏡のような湖面をすべるように走り、やがて点在する小船の近くで漁師が腰まで水につかりながらシジミを採っているのどかな光景は、歌川広重（安藤広重）の浮世絵を思わせる。

　宍道湖の南岸（松江市）から200メートルほど沖に浮かぶ小さな嫁ガ島の背後に沈む夕日も絶景だ。宍道湖から数百メートル北には国宝の天守閣がそびえる松江城が、その北側の武家屋敷跡にはラフカディオ・ハーン（小泉八雲）の旧居がある。(HP42号)

註
1．出雲の国を創造した八束水臣津野命はこの国が狭すぎると考え、他所の国から陸地をはぎ取って出雲にくっ付けた。
2．弥生時代に作られた吊鐘形の青銅器。
3．日本列島の歴史区分では、縄文時代と古墳時代の間に位置する。紀元前5、4世紀から紀元3世紀まで続いた。社会の経済様式が前代の採取経済社会から水稲農業による生産経済社会へと変化した。
4．日本の有名なアニメ制作会社
5．日本において古代から近世まで利用された製鉄法

Hiroshige Utagawa (Ando).

Hay una isla pequeña llamada Yomegashima, más o menos 200 metros de la orilla meridional del lago Shinji en la ciudad de Matsue. La vista cuando el sol se pone en la espalda de esta isla es maravillosa. Unos cientos metros al norte del lago se halla el castillo Matsue con el torreón que fue designado como tesoro nacional. A su lado septentrional, antes la zona residencial de samurais, encontramos la casa antigua de Yakumo Koizumi, Lafcadio Hearn. (HP, Nr.42)

Nota:

1. Yatsukamizuomitsunomikoto, el dios de creación, consideró el país de Izumo como tan estrecho que cortó algunos terrenos de varios países para añadirlos a Izumo.

2. Un objeto ritual en forma de campana en bronce hecho durante el período Yayoi.

3. Según la clasificación de la historia del archipiélago japonés se ubica entre el período de Jomon y Kofun. Duró desde V o IV siglo a.J. hasta III. El estilo de la economía cambió del de colección al de la producción del arroz.

4. Un estudio japonés de animación muy famoso.

5. El tatara es el horno tradicional japonés utilizado para fundir hierro y acero.

石見神楽大蛇の舞　益田市観光協会御提供
La danza de la serpiente gigante (Iwami Kagura)
Ofrecido por la oficina turística de la ciudad de Masuda

II-2 El Koyasan

Hidekazu Yabuuchi (exempleado de la provincia de Osaka)

El Koyasan es la Tierra Santa de la secta Shingon, el budismo esotérico. Desde que en 2004 fue registrado al Patrimonio de la Humanidad de la UNESCO como una parte de "los sitios sagrados y rutas de peregrinación de los montes Kii", el Koyasan es uno de los destinos turísticos más populares en Japón, sobre todo para los occidentales. Naturalmente los turistas pueden aquí visitar los edificios históricos, observar las imágenes ocultas, los tesoros escondidos, y además, alojarse en los templos que tienen albergues, que suman 52, alrededor de la mitad de los templos en total. Se sirven allí de platos vegetales, los monjes dan explicaciones nítidas sobre sermones budistas y se puede probar el Ajikan, un método de la meditación y respiración de la secta Shingon. Dicen que en algunos templos los monjes que hablan bien inglés hacen sermones budistas en inglés.

En el año 816, hace aproximadamente 1.200 años, el siete de Konin (de la época de Heian) según el calendario japonés, Kukai, el célebre monje budista, mandó construir el Koyasan, así que este año (2015) se ha celebrado la gran misa en memoria del duodécimo centenario. El nombre de Koyasan tiene doble significado. Por un lado es el nombre general de las montañas de casi 1.000 metros de altitud, y además es también el nombre de un pueblo religioso situado a 800 metros sobre el nivel del mar, en el corazón de esos montes, extendiéndose unos 2 kilómetros de norte a sur y unos 4 kilómetros de este a oeste. Aquí viven ahora dos mil y varios centenares de personas, una tercera parte de las

高野山

籔内秀和（元大阪府職員）

　高野山は、仏教真言密教の聖地である。2004年に「紀伊山地の霊場と参詣道」の一部としてユネスコの世界遺産に登録され、外国人、特に欧米人に人気のある観光スポットのひとつとなった。高野山では建物や秘仏、秘宝を見学できることは勿論、寺院の約半数の52の宿坊（参拝者のための宿泊施設を持つ寺院）では、一般の観光客も宿泊できる。動物性食品を使わない精進料理を味わい、仏教の教えを分かりやすく話してくれる僧侶の法話を聞いたり、真言宗における阿字観という呼吸法・瞑想法などを体験することもできる。寺院によっては英語に堪能な僧侶もいて、法話を英語で話してくれるという。

　今からおよそ1200年前の816年、和暦では弘仁7年（平安時代）に名僧空海は高野山の建設に着手した。そして2015年に高野山開創1200年となり盛大に記念大法会が開催された。高野山はここに聳える1000メートル級の山々の総称だが、同時にそれらの山々に囲まれた海抜約800メートルの山奥の平坦地（東西約4キロ、南北約2キロ）にある宗教都市をさす。現在の人口は二千数百人であるが、そのうち、僧侶は約三割と推定されている。宗教都市といっても、イタリアのローマの中にあり、全ての市民が聖職者あるいはカトリックに関わるヴァチカン市国（カトリックの総本山）と異なり、高野山は民間人と僧侶が混在する町である。高野山には殆どの商業施設や公的施設があり、住民は日常生活に困

cuales son presuntamente monjes. A pesar de que el Koyasan es llamado un pueblo religioso, aquí habitan clérigos y laicos juntos a diferencia de la Ciudad de Vaticano (la sede católica) en Roma, donde todos los habitantes son sacerdotes o creyentes católicos. En el Koyasan conviven casi todas clases de instalaciones comerciales y oficiales por lo que los habitantes tienen ninguna inconveniencia para vivir. Como los terrenos del Koyasan son casi enteramente los recintos del templo Kongobuji, sede de la secta Shingon, los habitantes alquilan del templo su solar.

Maravillosamente Kukai (llamado también maestro Kobo) supo que había un terreno llano en tal corazón de las montañas altas y solicitándole al Emperador el favor logró recibirlo. Fijando el lugar de ascetismo aquí, lo visitó a menudo mientras que ocupaba un puesto importante de la gerencia en los templos Toji o Zingoji en Takao de Kioto. Como se puede fácilmente imaginar, los edificios en el Koyasa eran entonces, i. e. hace más de 1.200 años, mucho más sencillos.

Durante los siguientes 1.200 años, el Koyasan ha sufrido varias pruebas. A menudo quedó desolado debido a la ausencia de los representantes o por destrucciones de los edificios por fuegos a causa del descuido o la caída de un rayo. Sin embargo, desde el siglo XI, obteniendo apoyos de muchos aristócratas como Michinaga Fujiwara, Yorimichi Fujiwara etc. o de ex-emperadores como Shirakawa, Toba, Goshirakawa etc., trató de restaurarse y desarrollarse a la Tierra Santa del budismo japonés. En la era de los estados guerreros cayó en antagonismo con Nobunaga Oda, el señor feudal más poderoso, quien mató a varios centenares de monjes de Koyasan que estaban en distintas regiones para propagar la creencia en la secta Shingon. No obstante, Hideyoshi Toyotomi, el sucesor de Nobunaga le donó terrenos, y para

ることはない。高野山の敷地はその殆どが真言宗総本山金剛峰寺の境内（金剛峰寺が所有する土地）であり、住人は金剛峰寺より土地を借りているのである。

驚くべきことに、空海（弘法大師）はこのような山奥に平坦地があることを知っていて、朝廷に願い出て、この地を賜っているのである。空海はこの地を修行の場として、普段は都（京都）の東寺や高雄山神護寺の要職に就いておりながら、足繁く高野山に通った。1200年以上前のことなので、当初は、今と比べると随分質素な建築物だったことは容易に推察できる。

1200年という長い年月の間に、高野山も座主の離山による荒廃の時期や落雷や失火による建造物の焼失を度々経たが、11世紀以降、多くの貴族（藤原道長、藤原頼通など）や院政権力（白河上皇、鳥羽上皇、後白河上皇など）に支えられ、復興を遂げ、日本仏教の聖地として拡大を図ってきた。また、戦国時代には織田信長と対立し、日本各地にいた高野山の僧、数百名が殺害されもしたが、豊臣秀吉の時代に寺領を寄進され、秀吉の母の菩提を弔う青巌寺（高野山真言宗総本山金剛峰寺の前身）も建てられた。

境内には皇族から名もない人々まで、あらゆる階層の人々が競ってこの高野山に墓碑を建立した。これは、今も弘法大師は生きている（眠っている）という信仰があり、大師の眠る土地で冥福にあずかりたいという願いがあったからだ。織田信長、豊臣秀吉、明智光秀、石田三成、伊達政宗、上杉謙信、徳川吉宗、曽我兄弟、平敦盛など挙げればキリがないほど、歴史上名を残した人々の

rezar por la difunta madre de Hideyoshi se estableció el Seiganji, que se convirtió luego en Kongobuji, el templo central de la secta Shingon.

Desde la familia imperial hasta el pueblo desconocido, todo el mundo de toda la clase erigió a porfía su losa en el recinto del Koyasan para permitirse el descanso eterno del alma, porque se cree que el maestro Kobo está durmiendo allí sin perecer. Innumerables famosos históricos como Nobunaga Oda, Hideyoshi Toyotomi, Mitsuhide Akechi, Mitsunari Ishida, Masamune Date, Kenshin Uesugi, Yoshimune Tokugawa, los hermanos de Soga, Atsumori Taira etc. descansan aquí. Son dignas de ver las losas de cualquiera secta que cuentan unas 20,000 rodeadas de grandes cedros en un paraje silencioso.

Excepto la zona residencial de los civiles el terreno del Koyasan puede dividirse en cuatro partes a grandes rasgos. En el oeste se halla la catedral de Danjo donde Kukai primero estableció el Kondo (la sala dorada) y la torre, como la sala del ascetismo. Aunque los edificios de aquel entonces no existen más, la catedral de Danjo queda aún el centro de la creencia y ascetismo de la secta Shingon.

Rodeando la catedral hay un gran número de templos, cuya mayoría se ha desarrollado en su larga historia gracias a las contribuciones de señores feudales poderosos. Aquí no son pocas las áreas donde templos y establecimientos civiles o comerciales se ponen unos al lado de otros. El cuartel con dichas losas en cuyo centro atraviesa el camino al Okunoin.

Por fin los turistas llegan al mausoleo en el que el maestro Kobo sigue presuntamente durmiendo. Unos cien metros delante del mausoleo hay un puente. Al cruzarlo se pone los pies en el gran salón interior por lo que se prohíbe tomar fotos y se obliga a quitarse el sombrero.

墓碑がある。杉の大木に囲まれた静かな空間の中の宗派を問わない墓碑群（約20万基）は必見である。

高野山は民間人の住む区域を除いて大きく四つの区域に分けられる。

町の西方に位置する壇上伽藍。ここは空海が最初に修行の場として金堂や塔を建設した場所である。空海が生存していた時代の建物は現存しないが、今も高野山真言宗の信仰、修行の中心地である。

この壇上伽藍を取り囲むように数多くの寺院が存在する。寺院と民間商業施設が混在している区域も多く見られる。寺院の殆どは長い歴史の中で日本国中の有力大名などの帰依により発展したものである。そして前述の墓碑群の区域であり、奥之院への参道の両側にある。

最後に今でも弘法大師（空海）が眠るという御廟にたどり着く。この御廟の数百メートル手前に御廟の橋があり、ここから先が奥之院である。写真撮影は禁止、脱帽して参拝することになっている。

高野山は和歌山県伊都郡にあり、大阪の難波駅から南海高野線の電車、ケーブルカー、バスを乗継いで約２時間半で行ける。高野山に電車で行く場合には必ず筆者の住む橋本市の橋本駅を通過するが、途中ケーブルカーにも乗り、都会の喧騒を離れて、ちょっとした小旅行を味わうことができる。（HP21号）

El Koyasan está ubicado en el distrito de Ito de la prefectura de Wakayama. Se tarda alrededor de dos horas y media para llegar a esta Tierra Santa desde Namba de Osaka, usando la línea Koya del tren de Nankai y el autobús desde la ciudad Hashimoto, donde yo resido. Al subir con el funicular que hay en el camino, se puede gozar de un pequeño viaje alejándose de bullicio urbano. (HP, Nr.31)

御廟に続く橋　薮内秀和さん御提供
El puente conduce al mausoleo. Ofrecido por Sr.
Hidekazu Yabuuchi

El templo Kiyomizu

Al caminar hacia el templo Kiyomizu atravesando Gion bajo la luna y flores de cerezo, a toda esta gente que se encuentra esta noche se les ve tan hermosa. - Akiko Yosano

En Kioto, el centro de la cultura antigua de Japón hay aproximadamente 800 santuarios y 2.500 templos. Este número suena más bien modesto comparado con Nigata y Aichi que tienen respectivamente unos 5.000 santuarios y templos. No obstante Kioto goza de un puesto privilegiado en cuanto a la reputación de los edificios religiosos, pues aquí los santuarios y templos en número de 17, uno en Otsu inclusive, están registrados en conjunto en la lista del Patrimonio de la Humanidad por la UNESCO. De estos sitios célebres es el templo Kiyomizu uno de los más populares.

Según *Konjakumonogatarishu* relata, el origen del templo Kiyomizu se remonta al final de la época de Nara (710-784). Enchin, un monje del templo Kofukuji en Nara, guiado por el oráculo en un sueño, encontró una cascada en la mitad de la ladera de Otowa, una de las 36 crestas de Higashiyama en Kioto. Cuando llevaba aquí una vida ascética, se ganó la confianza del militar Sakanoue Tamuramaro, estableció con su apoyo un templo para instalar la estatua de Senjukannon[1] al inicio de la era de Heian (794-1185). Era el origen del templo Kiyomizu. A medida que Tamuramaro subió de categoría ascendiendo a Seiitaishogun, Gran General apaciguador de los bárbaros, Kiyomizu se elevó también pasando de ser un establecimiento privado al templo protector del

清水寺

清水へ祇園をよぎる桜月夜、こよひ逢う人みな美しき

与謝野晶子

　日本の伝統文化を代表する古都京都はそれぞれ800、2,500ほどの神社、仏閣を擁するが、数の上で神社は新潟、寺院は愛知（それぞれ約五千社、五千寺）に及ばない。しかし大津市に属する一件を加え、17件もの宗教建築が一括して世界遺産に登録され、高い評価を享受しているのは京都のみ、中でもとりわけ高い人気を誇る名刹のひとつが清水寺である。

　『今昔物語集』によれば、清水寺の縁起は奈良時代末期に遡る。奈良興福寺の僧延心が夢のお告げに導かれて、京都東山三十六峰に連なる音羽山中腹に滝を見つけそこで修行していたところ、武官坂上田村麻呂の信を得て、その助力のもと千手観音[1]を安置すべき伽藍を平安時代初期に造営する。これが清水寺の前身である。田村麻呂が武名を上げ征夷大将軍に収まるに伴い、清水寺は彼の私寺から国家鎮護の象徴へと昇格、やがて東山連峰の麓は聖と俗の境界とされ、音羽の滝は俗界を潤す聖界の水として崇められるにいたった。

　平安時代から清水寺はたびたび文学作品に登場する。清少納言は『枕草紙』第231段で参詣者の詰めかける寺の縁日の賑わいを記し、紫式部は仕えていた中宮彰子が病に臥せったとき、ここに参籠している。

Estado. Con el tiempo el pie de las 36 crestas de Higashiyama fue considerada como el límite del mundo sagrado y profano, y la cascada de Otowa como el agua santa que beneficiaba la vida mundana.

A partir de la época de Heian Kiyomizu aparecía a menudo en las obras literarias. En el capítulo 231 del ensayo *Makuranososhi* Seishonagon describió la escena en la que mucha gente iba a rendir culto a este templo en ferias, mientras que Murasakishikibu, otra novelista famosa de esa época se encerraba aquí, cuando la Emperatriz Akiko, su ama contrajo una enfermedad.

Después de que se estableció hace 1.200 años, Kiyomizu quedó destruido enteramente por los incendios por lo menos 9 veces. Los incendios fueron causados por caídas de rayos, terremotos, luchas entre Enryakuji (en el monte de Hiei) y la secta del sur del budismo (Kofukuji en su centro y Kiyomizu como su delegación) durante los siglos XII y XIII etc., pero sobre todo por la guerra de Onin (1467-77) en la que 200 mil soldados de las tropas orientales y occidentales llevaron a cabo las batallas durante 11 años en Kioto asolando la capital y convirtiedo numerosos templos y santuarios célebres en cenizas.

Seguramente debido a la gran popularidad de la que el templo Kiyomizu gozaba, tanto Nobunaga como Hideyoshi le dieron un buen trato, e Iemitsu Tokugawa, la tercera generación del bakufu de Edo contribuyó en la época de Kanei a la reconstrucción del templo incendiado, que ofreció las bases para el establecimiento de hoy.

De todos los edificios del templo tiene la mejor reputación el escenario establecido delante de la sala principal. Cada año en diciembre el monje de mayor rango caligrafía aquí "el Kanji (carácter chino) del año", encargado por la Fundación Japonesa de Examen de Aptitud de Kanji.

清水はすでに1200年の歴史を誇るが、伽藍は少なくとも９度全焼、全壊を経ている。大火の原因は落雷、地震、12-3世紀に繰り広げられた延暦寺と南都仏教（興福寺が中心で、清水寺はその出先機関）の抗争などだが、とりわけ室町時代に勃発した応仁の乱では、東西両軍20万の兵士が11年間にわたり京都で戦いを繰り広げたため、町は荒廃し有名な寺社の多くが焼失している。

　世間の高い人気を慮ったのか、信長も秀吉も清水寺を厚遇し、徳川第三代将軍家光は寺の再建に貢献した。この寛永の造営が現在の伽藍の基本を成している。

　清水寺で最も名高いのが本堂前に設営された舞台だ。毎年12月寺の貫主が日本漢字協会の委託を受けて「今年の漢字」を揮毫する場で、最長12メートルの巨大な欅の柱18本を一本の釘も使わず、崖の上に組み立てる「懸造り」である。最も古い柱には樹齢400年の巨木が使われている。ちなみに、欅の材木は樹齢の倍の年数持つという。前方にせり出した舞台は四階建てのビルと同じ地上13メートルの高さで、市の東端の位置から京都の街並みの遠望が楽しめる。

　この舞台は畳²百畳にあたる190平米に410枚の檜の板が敷き詰められている。もともと習得した芸能（雅楽、能楽、狂言、あるいは相撲）を披露・奉納する、まさに檜舞台として設計されたのだ。ところがこの舞台には客席がない。なぜなら、芸能を披露する相手は本堂の内陣に「隠れて」いるご本尊の千手観音なのだ。神々との交信を果たす場とされたことから、この舞台は当初から特殊な目的に仕えている。大きな危険の伴う決断を下すことを、「清

Este escenario está construido sobre un precipicio al estilo de Kakezukuri, utilizando 18 pilares de olmo, el más largo de los cuales mide 12 metros, colocados de tal manera que no se usa ningún tipo de clavo en la construcción. Dicen que la madera del olmo dura el doble de tiempo que la edad del árbol. El escenario que sobresale al frente tiene 13 metros de alto, tan elevado como un edificio de cuatro pisos y ofrece un panorama de Kioto visto desde el extremo oriental de la ciudad.

El escenario tiene una superficie de 190 metros cuadrados con capacidad de un cien tatami^2 en el suelo cubierto con 410 tablas de ciprés japonés. Originalmente fue diseñado como el espacio especial para que artistas presentaran un arte adquirido (las músicas tradicionales, el noh, el kyogen o el sumo). Sin embargo, a este escenario le faltan asientos, pues las representaciones se consagraban al Senjukannon escondido en la sala principal. Como se tomaba por un lugar especial de comunicar así con el kannon, la escena servía a otro propósito desde el principio; la expresión: "saltar del escenario de Kiyomizu" está en boca de todo el mundo con la significación de aventurarse desafiando el peligro. Ya *Konjakumonogatarishu* (publicado entre 1120 y 1499) informa de un accidente ocurrido por saltar de este escenario de Kiyomizu. No era poca la gente que realizó este peligroso salto rezando a Kannon por la realización de su aspiración y de ellos el 20 % murieron. En la época de Edo saltaron arriesgando su vida unas 2 personas cada año. Naturalmente estos aventureros pertenecieron a la clase pobre, como monjes de la clase baja, domésticos etc. Al inicio de la época de Meiji fue prohibido saltar, por lo que el escenario fue rodeado de una empalizada de bambú.

En el recinto de gran dimensión del templo hay numerosos patrimonios culturales importantes unos al lado de otros, como Okunoin (el templo

水の舞台から飛び降りる」とする比喩は広く人口に膾炙しているが、すでに『今昔物語集』(1120年代から1499年までに成立)には清水の舞台からの飛び降り事件が記録されている。五人に一人が死んだにもかかわらず、観音様に本願の成就を祈願し決死の跳躍を試みる人は少なくなかった。江戸時代には年に二人ほどが飛び降りており、下級僧侶、奉公人ら貧困層が主だったという。明治以降飛び降りは禁止され、舞台には竹矢来が巡らされるようになった。

　清水寺の広大な敷地には、奥の院、釈迦堂などの伽藍、子安塔、三重塔、仁王門、西門など重要文化財が目白押しだ。また本堂、阿弥陀堂などに置かれた仏像や、とりわけ十一面千手観音像(33年に一度開帳)の前立仏³は、古来絶大な信仰の対象である。観音を守護する眷属の二十八部衆、その左右に控える風神・雷神像も人気が高い。(HP49号)

註
1．千手観音　衆生にあまねく慈悲を施し、魂の救済を齎す観世音菩薩。多くの人々を救うべく、千本の手を持つ。
2．和式の家の床を覆う藁で編んだ敷物。
3．通常公開されない秘仏の厨子の前に、身代わりとして置かれる仏像。

al fondo), Shakado (la sala de Buda), Koyasuto (la torre de Koyasu, el feliz alumbramiento), Sanjunoto (la pagoda de tres pisos), Niomon (la puerta de Nio, luchador protector del budismo), Nishimon (la puerta del oeste), etc. Desde los tiempos antiguos son adoradas apasionadamente las estatuas de los santos colocados en la sala principal y la de Amidabutsu (Buda), sobre todo el Maedachibutsu[3] del Kannon con 11 caras y mil manos, que se muestra solo una vez cada 33 años. Igualmente las estatuas de 28 súbditos que protegen al Kannon, la del Fujin, el dios del viento y del raijin, el dios del trueno, son muy populares. (HP, Nr.49)

Nota:

1. El kannon, Guan Yin, el kanzeonbosatsu, que da misericordia a todos los vivientes y les trae salvación del alma. Este kannon tiene mil manos para ofrecer ayuda a mucha gente.
2. El tejido de paja para recubrir el suelo en la casa japonesa.
3. La estatua colocada delante de la capilleta en la que se pone la imagen del dios que se muestra raramente.

本堂前の舞台　山本和賢さん御提供
El escenario delante la sala principal Ofrecido
por Sr. Kazuyoshi Yamamoto

II - 4 Las gigantes hogueras de los cinco montes.

En Japón se celebran distintos festivales con hoguera en varias regiones para rendir homenaje a la fuerza del fuego que trae luz en las tinieblas aniquilando el mal y purificando la peste. Uno de los festivales con el motivo evidente entre ellos es el Sagicho o el Dondo-Yaki que tiene lugar en el primer plenilunio del año. Las enormes fogatas iluminan el cielo del rojo resplandeciente para despedir al Toshigami, el dios del año que desciende del cielo para visitar todos los hogares al comienzo del año. Por otra parte, en cuanto a la ceremonia del Bon budista a mediados de agosto, la hoguera desempeña el papel de okuribi (el fuego de despedir), de alumbrar las tinieblas que envuelve la inmensa distancia entre este y el otro mundo por la cual pasan las almas de nuestros antepasados. Seguramente la ceremonia del Urabon en la que se celebra un oficio para que las almas de los ancestros alcancen el nirvana, proviene del budismo antiguo hindú. Sin embargo, la creencia de que las almas vuelven a nuestro mundo se contradice con la cosmología budista según la cual las almas de los muertos entran en el círculo de la transmigración. Más bien es el sentimiento natural desear ver de nuevo al muerto querido. La hoguera del Bon puede ser una continuación de la costumbre de una religión autóctona en China antigua, etc.

El 13 de agosto las familias con solera de Kioto recitan oraciones budistas quemando el Ogara, el tallo del cáñamo descortezado según la costumbre antigua. Dicen que las almas de los antepasados vuelven a casa guiandose por este humo. El 16, después de descansar en casa con nostalgia durante tres días, las almas salen de viaje al otro mundo de

五山の送り火

　闇を啓き、災を払い、厄を浄める炎に敬意を捧げる火祭りが、日本でも多くの地方で挙行されている。そのうち由来の定かな祭りのひとつが、左義長どんど焼きだ。新年最初の満月の日に営まれるこの行事は、正月に降臨し家々を訪れる年神様を見送るため、巨大な焔で夜空を赤々と照らしだす。一方八月中旬に行われるお盆の仏事では、焔は冥界から戻ってくる先祖の精霊を迎え、そして送り出すため、無窮の闇を照らし出すという任務を帯びている。祖霊が成仏するよう供養を行う行事が、インド仏教に由来することは確かだ。だがお盆の時期に祖霊がこの世に戻ってくるとする発想は、死者が転生の輪廻に組み込まれるとする仏教のコスモロジーとは相いれない。愛しい死者との再会を願うのは人間の素朴な心性だ。精霊への迎え火、送り火の風習はむしろ古代中国などの土着的な祖霊信仰に由来するのかもしれない。

　京都の旧家は古来のしきたりに則り、8月13日の夕刻に苧殻を焚いて念仏を唱える。この煙を頼りに、先祖の精霊が里帰りするという。懐かしい家に三日間とどまった精霊は、16日再びあの世に旅立つ。その時精霊に手向ける火が五山の送り火なのだ。京の町の東、北、西の三方を囲む五つの山、如意が岳（通称大文字山）、松ヶ崎西山と東山、船山、金閣寺の裏山に当たる左大文字山、そして曼荼羅山それぞれの山腹の火床に積み上げられた薪の山に、午後八時から五分おきに火が点される。まもなく大の文字、妙法の文字、精霊舟の図形、再び大の文字、そして鳥居

nuevo. En este momento se les ofrece okuribi, el fuego indicador de las hogueras de los Gozan, cinco montañas que rodean la ciudad de Kioto; Al este están Nyoigatake, así llamado Daimonjiyama, Nishiyama e Higashiyama en Matsugasaki; al norte Funayama, al oeste Hidaridaimonjiyama que está detrás del templo Kinkaku y Mandarayama. A partir de las ocho de la tarde se encienden los montones de leña apilados en los lechos que son establecidos en la ladera de esas montañas a intervalos de cinco minutos. Del fuego surgen los carácteres chinos o las figuras sucesivamente; 大 Dai (grande), 妙法 Myoho (admirable dharma), la figura de un barco, otra vez 大 Dai, la figura de Torii, un pórtico japonés, y así siguen quemándose durante media hora con un rojo resplandeciente que hace contraste con el cielo negro.

No se sabe, cuándo y en qué circunstancia comenzó la ceremonia del Okuribi. La posteridad tiene dos versiones: una opinión corresponde al célebre monje Kukai (774-836), así llamado Kobodaishi. Cuando se propagó en Kioto una epidemia sacrificando a mucha gente, Kukai mandó establecer en la ladera de la montaña Nyoigatake un altar con la forma del carácter chino 大 Dai, que simbolizaba al hombre, y practicó el ritual Homa para exorcizar la calamidad y consolar las almas de los difuntos. Otra opinión dice que Yoshimasa Ashikaga (1436-90), el general del Bakufu de Muromachi ordenó encender las hogueras de tal magnitud y escala como la actual para rezar por el descanso del alma de su hijo Yoshinao, quien falleció en la batalla de Ohmi. Naturalmente un monarca muy poderoso podría haber realizado temporalmente la ceremonia de tan gran escala que sin embargo no habría continuado por mucho tiempo si el propósito no se hubiera arraigado en el corazón del pueblo. Sería lógico más bien suponer que los ciudadanos de Kioto, al ver a los

の図形が闇の中から浮きあがり、およそ半時間、赤々と夜空を焦がすのだ。

　送り火の行事がいつどのようにして始まったかは、定かでない。後世の下した解釈は二様だ。弘法大師（774-836）起源説によれば、京の町に疫病が出て多くの人が犠牲になったとき、大師が如意が岳の山腹に、人を表す大の字型に壇を設け、疫病払いと鎮魂という二つの意味を込めて護摩を焚いたという。もう一つの説によれば、室町幕府の将軍足利義政（1436-90）が近江の陣で戦死した長男義尚の冥福を祈り、現今のものと同規模の送り火を焚かせたのが始まりだとか。だが、これほど大規模な行事が、一人の権力者の命令によって始まることがあったにせよ、その後も民衆の心に確固として根付いたかどうかは疑わしい。むしろ応仁の乱（1467-77）のように、町中に戦士の死骸が散乱していた頃、これらの戦士たちの死を悼み、同時に疫病を祓うべく、町人らがみずからの意志で始めたと考えるのが自然かもしれない。

　五山送り火の行事はそれぞれの山の地元保存会が年間の準備活動によって支えている。如意が岳では、三画から成る大の字のそれぞれの画が100メートルほどの長さだから、何十か所もの火床に積み上げられる薪の量は膨大だ。その薪は二月に比叡山から樹齢百年を越す木を伐りだし、半年かけて陰干しで干す。最近は中途までリフトを用いるようになったものの、これらの薪を高度465メートルの山腹まで運ぶのは大変な作業だ。台風が接近し山が強い風雨にさらされている時も、保存会の人々はぎりぎりまで準備に努める。近年観光化が進んでいるものの、送り火はもとも

cadáveres de soldados dispersos por todas partes de la ciudad durante la guerra de Onin (1466-77), comenzaron espontáneamente a quemar hogueras para consolar el alma de los caídos y prevenir la epidemia. Esta ceremonia del Okuribi es ejecutada por las organizaciones vecinales de las cinco montañas arriba mencionadas necesitando la preparación durante todo el año. En Nyoigatake por ejemplo, cada de tres trazos del carácter chino de Dai tiene más o menos cien metros de largo así que las leñas amontonadas en muchos lechos sobre los trazos son de enorme cantidad. Las leñas deben ser cortadas de los árboles más viejos de cien años de edad en el bosque del monte de Hiei en febrero. Deben ser secadas entonces a la sombra durante medio año. Aunque las leñas se alzan ahora hasta la mitad de la subida por un telesilla, es muy duro transportarlas a la ladera de 465 metros de altura. Los miembros de la organización se preparan para la hoguera también cuando el tifón se acerca y la montaña se expone a la tormenta, porque es una ceremonia budista y no debe aplazarse, a pesar de que últimamente tiende a ser una atracción turista. Desde hace cien años la ceremonia no se llevó a cabo solo tres años durante la Segunda Guerra Mundial. (HP, Nr.57)

とが仏事、順延は許されない。過去百年で火を点さなかったのは、太平洋戦争中の三年間だけだという。（HP57号）

如意が岳の送り火の準備　保存会会員様御提供
La preparación del Okuribi en el monte Nyoigatake ofrecido por un miembro de la junta conservadora

日本の思想

Ideología
de Japón

Ryokan - Un poeta de la inocencia

Al inicio de febrero la luz primaveral / ha hecho los colores de la planta un poco más frescos / ahora yo parto despacio / en el pueblo teniendo un cuenco en las manos / entonces los niños me encuentran pronto / se acercan alegremente en grupo / o me esperan delante de la puerta del templo / caminan lentamente tirándome de la mano / Yo pongo el cuenco sobre una piedra blanca / cuelgo mi bolsón a una rama del pino verde / ahora jugamos un partido de hierba / ahora hacemos botar una pelota / si yo hago botar la pelota, ellos cantan / si yo canto ellos hacen botarla / haciendo botar la pelota por turno / no nos damos cuenta del paso del tiempo [...] (Traducido en lengua coloquial por profesor Yoshitaka Iriya.)

Esta es una traducción coloquial de uno de los poemas clásicos chinos de Ryokan (1758-1831). Un bonzo que ya está en el umbral de la vejez, se entrega al juego con los niños aldeanos olvidando mendigar para ganarse la vida. Del mundo budista de Japón aparecieron muchas personas originales entre las cuales el bonzo Ryokan evoca Ksitigarbha, el dios tutelar de la infancia, que fascinado aquí por los niños muy alegres, se habría vuelto en un ser de carne y hueso, empezando a jugar con ellos en vez de velarlos al lado del camino. Dicen que Ryokan podía así no solo encantar a los niños sino también influir a los adultos a la ternura. ¿De qué venía la candidez e inocente amabilidad que mantenía hasta la ancianidad?

Ryokan se llamaba secularmente Eizo Yamamoto, era el segundo hijo de Tachibanaya, el alcalde del pueblo Izumozaki en Echigo, la prefectura

良寛 —イノセンスの歌人

　春もうららの二月の初め／草木の色は少し鮮やかさを増した／この時 私は鉢を手にして／ふらりふらりと町中に入っていった／すると 忽ち子供らが 私を見つけ／うれし気に連れ立ってやって来た／私を寺の門の前で待ち受け／私をひっぱってゆるゆる歩き出す／私は鉢を白い石の上に置き／頭陀 袋を緑の松の枝に掛け／さてそこで草くらべをやり／そこで毬つきをやる／私が毬をつくと彼らが唱い／私が唱うと彼らは毬をつく／毬をつきつき、またつくうちに／時のたつのも忘れてしもうた　[…]

　これは 良寛和尚 （1758-1831）の遺した漢詩の一篇（入矢義高さんの口語訳）である。すでに初老の域に達した僧侶が大切な托鉢をそっちのけにして、村の 童らと無心に遊びだす。日本の仏教界は数々の異彩を放つ人物を生んできたが、良寛のこの様子は常々路傍から子供らを見守っている石のお地蔵さんが、子供らのあまりにも楽しげな様子に魅せられ、つい生身の姿に戻ってともに戯れだしたかのようだ。子供を魅了し大人の心にも慈愛の念を及ぼしたという 良寛の、老境にあってなお失うことのなかった、童子のような優しさと 純朴さの秘密はどこにあるのだろう。

　良寛こと山本栄蔵は越後国（今の新潟県）出雲崎町の 名主 橘屋の次男に生まれた。父泰雄は以南を号とする俳人でもあり、小林一茶とは『殺生』を題にした句の贈答で、一茶の「やれうつな蠅が手をすり足をする」に対し、「そこふむなゆふべ 蛍のいたあたり」を残している。越後と佐渡をつなぐ 港町出雲崎はこの頃佐渡

de Nigata actual. Su padre Yasuo era también poeta del Haiku con el seudónimo Inan, conocido por un poema "Soko fumuna yube hotaruno ita atari" (¡No pisa por allí! Luciérnagas estaban anoche allí.) escrito en un intercambio de haiku sobre el tema "sessyo (matanza de los animales)" con Issa Kobayashi, quien compuso "Yare utsuna haega tewosuru asiwosuru" (¡No golpea las moscas! Ellas se frotan las manos y los pies). Izumozaki, cuyo puerto enlaza Echigo a la isla Sado, estaba perdiendo en aquel entonces vivacidad a medida que la mina de oro de Sado caía en depresión y Tachibanaya siguió perdiendo la prosperidad de antaño como Honjin, el parador de primer orden. Teniendo poco don para el comercio, Inan se retiró pronto de la vida activa, después de haberse hundido en la desesperación. Según algunas opiniones, sufrió luego beriberi en un viaje y se suicidó arrojándose en el río Katsura en Kioto.

Si la manga de mi sotana budista fuera bastante grande, quisiera amparar toda la gente pobre bajo ella.

Ryokan parece haber heredado del padre la torpeza para los negocios. Pronto después de suceder la casa a la edad de 18 años, se hizo súbito bonzo (monje budista) entrando en el templo local Kosyo de la secta Sodo. Como el verso de arriba sugiere, no se trató aquí del pesimismo, pero seguramente el templo protegió a Ryokan de perder la inocencia y sensibilidad dulce innata. El ingreso en el templo hubiera sido posiblemente una estrategia de la vida, que empleó medio inconscientemente. Al conocer 4 años más tarde al maestro Kokusen, un gran budista famoso que visitó el templo Kosho, Ryokan le veneró y acompañó a Tamashima de la prefectura de Okayama para entrenarse

金山の不況とともに活気を失い、本陣として栄えた橘屋も衰運を辿っていた。世才に乏しい以南は失意を募らせ早々に隠居、やがて旅先で脚気を患い、一説では京の桂川に入水して果てている。

墨染のわが衣手のひろくありせば世の中のまど（貧）しき民を覆はましもの

　良寛は父から世知の冥さを継いだのか、18歳で家督を譲られてまもなく突如出家、地元の曹洞宗光照寺に籠ってしまう。厭世離脱が主たる動機でないことは上記の句が示すところだが、仏門は良寛の童心や柔和な感性が失われることのないよう俗界から庇った。出家はひょっとして、良寛が自己の同一性を守るべく半ば無意識に取った生の戦略だったのかもしれない。やがて光照寺を来訪した名僧の誉れ高い国仙和尚に心酔し、倉敷玉島の圓通寺に随行したのがその四年後のこと、爾来12年間厳しい禅の修行に励む。1791年、良寛が悟りを拓いたことを証明する「印可」を与えて国仙は逝去、良寛は寺を去り中国、四国、九州を行脚して、ようやく越後に戻ったとき、すでに不惑の年にさしかかろうとしていた。

草枕夜ごとにかはるやどりにも結ぶはおなじふるさとのゆめ

　出雲崎の両親が健在だったとしても、良寛は実家の敷居を跨ぎはしなかっただろう。国上山の国上寺境内にある五合庵に住み、乞食托鉢で食いつなぐ。最後には地元の豪商能登屋の庵で供養を受け74歳で没するまで、清貧を貫いた。

　高僧から「印可」を賜った限り、その気になればどこかの寺の住職に収まり気楽な暮らしも望めたはず、だが良寛は生涯寺を

en el zen bajo su guía durante 12 años. Cuando falleció Kokusen después de otorgar a Ryokan un Inka, el testimonio de que el discípulo ha descubierto la absoluta verdad, salió del templo. Después de una peregrinación por Chugoku, Kyushu y Shikoku, volvió por fin a Echigo, la tierra natal, acercándose a la edad de 40 años, a partir de la cual no se debe descaminar más según Analectas de Confucio.

Aunque duermo en distinta choza cada noche, siempre sueño con la patria querida.

Aunque en Izumozaki todavía hubieran vivido los padres, él no se habría acercado a la casa paterna. Se estableció primero en Gogoan (una morada humilde), la choza del templo Kokujo en la montaña Kugami. Seguía llevando la vida honrada y recta hasta que fuera al fin atendido en una choza de Notoya, un comerciante rico y falleció a la edad de 74.

Aun así, como se le había otorgado un Inka por el bonzo célebre, Ryokan habría podido tomar un cargo del superior de algún templo y llevar una vida holgada. Sin embargo, no administraba ningún templo, no tenía ni propiedades ni rango. Aquí parece haber funcionado de nuevo su "estrategia" de rechazar el sistema, que pudiera arriesgar su inocencia y sensibilidad innata; esta vez se trató del sistema de Honmatsu, es decir la jerarquía del Honzan, el matriz sobre otros templos inferiores que el shogunato de Edo empleó como parte integrante de la política religiosa. Además la secta Sodo a la que Ryokan pertenecía comenzó a poner un nombre póstumo discriminante a la gente de Buraku (el paria japonés) desde la época de Edo, dándole también otra palabra mágica en el funeral.

Y, por añadidura, las situaciones sociales de la última etapa de Edo en

持たず、地位も財産も持たなかった。ここでも己の純真さや生来の感受性を損ねかねない世俗の蠱惑から一線を画そうとする良寛の、「処世術」が働いたようだ。江戸幕府は宗教政策の一環として、本山を頂点とするヒエラルヒーに末寺を組み込む本末制度を導入していた。しかも良寛の所属していた曹洞宗派は江戸時代から被差別部落に差別戒名をつけ、葬式の引導の渡し方に至るまで差別した。

　また、良寛の生きた幕末期は商品経済が発達、貧富の差が拡大し越後でも米騒動が勃発している。少年期に寺の侍者を勤めた作家水上勉は、そんな状況で檀家を経営する住職を、相次ぐ飢饉に苦しみながら、「稗や粟を食って暮らす百姓に差別戒名をつけ、[…]ひたすら死人にしゃぶりついて暮す葬祭業者」と呼んでいる。権力に篭絡された知性が、退廃せざるをえない事情を、良寛は知悉していたに違いない。

風は清し月はさやけしいざ共に踊り明かさむ老いの名残に

　良寛は短歌、長歌、漢詩、俳句など全体で二千を越える秀作を残した。『万葉集』を愛しただけに、人や自然への愛を直截的に表現した歌が多い。また書の名声は諸国に轟き、生前から贋作が出回ったという。他国から良寛の名望に惹かれ五合庵を尋ねる人は珍しくなかった。三十数年の暮らしの間地元の文化人である庄屋や医師ら十人ほどの詩友と友誼を結び、また多くの階層の人と親しく交わり、酒を酌み交わした。晩年は大腸癌と思われる重い疾病に悩みながらも、上記の歌に見られるように、最後まで余生を楽しむ気概を示している。(HP28号)

la que Ryokan vivía, eran muy agitadas. El comercio de mercadería se ha desarrollado en la sociedad y la diferencia entre los pobres y ricos aumentó tanto que en Echigo también estallaron disturbios populares para asegurarse el arroz. Tsutomu Mizugami, el novelista que oficiaba de asistente de un templo en su niñez, compara al bonzo principal de un templo que "les da un nombre póstumo discriminante a los agricultores que padecen la carestía sucesiva, matando el hambre por mijo o panizo [...] con un empresario fúnebre que chupa los cadáveres cuando ellos mueren." Sin duda Ryokan precisamente sabía que los intelectuales debían corromperse si son engatusados por la clase dominante.

El aire es claro y la luna luminosa. ¡Vamos a bailar juntos hasta que amanezca una vez más antes de chochear!

Ryokan era un poeta excelente, produjo más de 2.000 obras de tanka, choka, kanshi y haiku. Como leía *Manyoshu* con gusto, su poesía es muy cándida, expresando francamente el amor al hombre y a la naturaleza en general. También su caligrafía se hizo tan famosa que se dice que objetos falsificados circularon incluso estando él en vida. Por eso no era raro que de otras regiones admiradores de sus obras visitaran el Gogoan. Durante unos 30 años que vivía en la tierra nativa tuvo contacto con los amigos literarios de Echigo, los médicos o jefes de la aldea. Hacía amistad aún con las personas de varias clases con los que se divertía bien bebiendo sake. En sus últimos años padeció una enfermedad grave, probablemente cáncer intestinal, pero quiso disfrutar de la vida hasta el fin, como el poema de arriba manifiesta. (HP, Nr.28)

床下から生えた筍を抜くに忍びず、良寛は五合庵の床に穴を開けたという。出雲崎教育委員会御提供

Dicen que Ryokan prefirió abrir un agujero en el piso de Gogoan a arrancar un brote de bambú que creció desde el suelo.

Ⅲ-2 Toson Shimazaki: *El mandato violado* — Un documento del movimiento emancipador del Buraku en los albores.

Toson Shimazaki (1872-1943) merece bien el título de ser el pionero de la literatura moderna japonesa tanto en verso como en prosa. Su primera antología poética, *La colección de hierbas primaverales* (1897), ofrece los poemas que están llenos de sensualidades juveniles, pero ordenados por elegante métrica, siendo un ejemplo del shintaishi en Japón. Este es el nuevo poema de estilo europeo, que sucederá a los géneros poéticos tradicionales, el kanshi (el poema tradicional chino) y el verso de métrica fija, tanka y haiku. Luego Toson se convirtió en un abanderado del naturalismo con *La casa* (1910-11) o *La vida nueva* (1918-19) etc., las novelas con muchos aspectos autobiográficos. De sus numerosas obras se estima *Antes de amanecer* (1929-35) como su obra maestra que persigue las luces y tinieblas de la Restauración de Meiji en gran escala. Sin embargo, la novela que conmocionó más en esa época la opinión pública, fue *El mandato violado* (1906). El derecho de autor de la primera edición, costeada por el autor, fue adquirido pronto por la editorial Shinchosha a un precio bastante alto. El clave del éxito se halló en el intento de poner en foco de la intriga una persona clasificada en la casta más discriminada, un oriundo del buraku, lo que era algo inédito en la historia de la literatura japonesa.

Ushimatsu Segawa, un maestro joven de la escuela primaria en Iiyama de Shinshu (prefectura de Nagano actual) pone gran esmero, siguiendo el mandato de su padre, en ocultar su identidad del "eta", un paria

島崎藤村：『破戒』
―部落解放運動黎明期のドキュメント

　島崎藤村（1872-1943）は詩と散文の両面から日本の近代文学を導いた作家である。瑞々しい官能の発露を端正な韻で律した処女詩集『若菜集』（1897）は、従来の漢詩、定型詩（俳句・短歌）に代わるべき西洋的新体詩の到来を告げた。藤村はその後『家』（1910-11）、『新生』（1918-19）など一転して自伝的色彩の強い小説を発表し、新しい自然主義文学の旗手となる。藤村の遺した数多の作品のうち、代表作にあたるのは何といっても明治維新の光と影に迫る大著『夜明け前』（1929-35）だが、当時人心に最も大きな影響を及ぼしたのは『破戒』（1906）だった。当初自費で刊行した初版は新潮社が高額の原稿料で著作権を買い取っている。作品が「成功」した背景には、藤村が被差別部落の出身者を作品の中枢に据えるという、日本文学史上画期的な試みに挑んだことがある。

　信州飯山の小学校教師瀬川丑松は、被差別部落民の素性を決して明かしてはならぬという父の戒めを固く肝に銘じている。未解放部落の出自を自ら公にし、社会の不正や偏見と闘う文筆家猪子蓮太郎に私淑しながら、その果敢な生き方に肖れず忸怩たる思いを抱えてきた丑松だが、自身もやがて大きな試練に直面する。折しも信州全土が国政選挙の抗争に巻き込まれるなか、候補者の一人である政治家高柳利三郎が、突然丑松の下宿を訪ねてく

japonés. A pesar de que admira sinceramente a Rentaro Inoko, un amigo mayor, que lucha como escritor contra todas las injusticias y discriminaciones en la sociedad, haciendo público su estado del "eta", Ushimatsu siente no poder seguirle en su manera resuelta de vivir. Sin embargo pronto tiene que sufrir duras pruebas. Mientras tanto todo el país de Shinshu se ve involucrado en conflictos intensos en torno a las elecciones de Cámara Baja. Y un día le visita Risaburo Takayanagi, un candidato a diputado quien últimamente se ha casado con la hija de un "eta" adinerado por interés de sacar los recursos para maniobras electorales, y está informado por la novia del secreto de Ushimatsu, propone un negocio; le ruega no revelar el estado de su esposa, a cambio de guardar la procedencia de Ushimatsu en secreto — una amenaza implícita. Como Ushimatsu fingió que no entendía nada de lo que hablaba, siguiendo el mandato del padre, atrae el resentimiento de Takayanagi que denuncia la identidad de Ushimatsu a sus colegas de la escuela. Al propagarse enseguida el rumor, el director y sus partidarios piensan que ha llegado el momento favorable para expulsarle, pues su carácter muy serio les resultaba fastidioso y la confianza que los alumnos le mostraban les daba envidia. Ushimatsu se ve acorralado por los ataques insidiosos de los colegas, cuando le sacude otro acontecimiento; Inoko sufre el ataque de un canalla empleado por Takayanagi, después de dirigir críticas hacia la corrupción de Takayanagi en un discurso electoral. Al asegurarse de la muerte de Inoko Ushimatsu comprende por fin que el tiempo ha venido de tomar por modelo a Inoko violando el mandamiento del padre. En la siguiente clase confiesa a sus alumnos que él es un "eta" y les pide perdón por haber disimulado su identidad, postrándose en el suelo. Entonces abandona el puesto de maestro y sale

る。選挙資金を得たいがために最近富裕な部落民の娘と結婚した高柳は、妻から丑松の出自を聞いており、どうか妻の素性を口外しないでいただきたい、その代りあなたの秘密も暴きません、と丑松を暗に威嚇する。父の訓戒に従い白を切りとおしたため丑松は高柳の恨みを買い、学校関係者に身元を吹聴され、噂がたちまち広がっていく。日頃丑松の生真面目さを煙たがり、また生徒らが丑松に寄せる信望を妬んでいた校長とその手下は、厄介払いの好機到来とばかり、彼に陰湿な攻撃をかけはじめる。苦悶を重ねる丑松に追い討ちをかけるかのように、恐ろしい事件が起る。選挙応援演説で高柳の腐敗を暴いた猪子が、高柳の手配した暴漢に襲われたのだ。猪子の死を見とどけたいま、その教えに従い父の戒めを破る時が来たことを丑松は悟る。次の授業で生徒たちに自分が「穢多」であることを告白、教室の床に土下座して詫びた後、彼は教職を擲ってテキサスに新天地を求め故郷信州を後にする。

　1871年、当時の最高行政官である太政官の布告により、「穢多」や「非人」の身分は明治初期に廃止されたが、前近代から培われてきた頑迷な差別観は教育の場にも深々と根を張り、多くの教師が社会正義の守り手を自認しながら恥じる風もなく部落民への侮蔑を放言する。作品の終盤丑松が絶望の境地へと追い詰められていく件を読み、部落に生きる若者らは身につまされて泣いたという。だからこそますます作品の結末に失望を禁じ得なかったのか、部落関係者は藤村に差別主義者、あるいは敗北主義者の烙印を押した。作品の随所に差別意識が伏在するという批判に藤村は誠実に対応し、「穢多」を始め差別語や差別的な表現を削除して全編を改稿している。

del país natal para buscar una nueva vida en Texas.

Aunque el estado del "eta" o "hinin" (un ser no humano) fue derogado por la declaración del Dajokan (la oficina suprema de las administraciones públicas) de 1871, en el primer período de la era de Meiji, la discriminación social a partir de la época feudal se había arraigado tan profundamente incluso en el mundo pedagógico que la mayoría de los profesores blasfemaban abiertamente sin reparo al "eta", mientras que pretendían que fueran conciencia de la sociedad. Dicen que al leer a Ushimatsu en la última parte de la novela arrinconándose gradualmente a la desesperación, los jóvenes del buraku lloraron sintiéndose dolorosamente afectados. Por eso más decepcionado por el desenlace, los relacionados del buraku tacharon al autor de discriminador o derrotista. Toson correspondió sinceramente a la crítica de que la conciencia discriminatoria del autor fuera latente en casi todas las partes. Por eso corrigió la obra de 1906 quitando palabras y expresiones en cuestión como "eta".

Sin embargo, el realista Toson no cedió a la crítica que juzgó el postrarse del maestro en el suelo o el viaje a Texas como una derrota. El Zenkokusuiheisha (la Sociedad Horizontal Japonesa), la organización nacional de los movimientos para emancipar al buraku se estableció en el año 1922, 16 años después de que esta novela se hubiera publicada. Por eso el autor tenía que mostrar la situación del buraku tan aislada y abandonada como era en realidad. El punto de vista de Toson tenía razón, lo que se comprueba sobre todo por la Unión para Emancipar del Buraku, la organización sucesora de Zenkokusuiheisha que había

しかし、教え子の前で丑松が行う土下座やテキサスへの「逃亡」を敗北主義と断じる批判に、リアリスト藤村は応じなかった。部落解放運動の全国組織である水平社が結成されるのは1922年、その16年前に出版された『破戒』は、当時被差別部落が置かれていた孤立無援、四面楚歌の苦境をありのまま伝えざるをえなかったからだ。藤村の主張の正しさは、ほかならぬ部落解放同盟のその後の対応が裏付ける。当初『破戒』初版本の廃絶を訴えていた解放同盟は、部落差別の歴史的証言という価値を追認したうえで、1954年から初版復元に同意している。

　とりわけ作品の舞台となった奥信濃は明治前期の自由民権運動が根付かず、封建的な因習が風靡する土地柄で、部落民は蛇蝎のように忌み嫌われていた。当時なら、身分を「偽って」聖職に就いていた丑松が地元民から暴力的制裁を加えられても不思議はなかったと、地元の部落関係者は証言している。土下座は生き延びるための自衛措置だったのだ。

insistido primero en la extinción de la primera edición, pero llegó en 1954 en el acuerdo de su reimpresión, reconociendo sin duda su valor del documento histórico de la discriminación.

Sobre todo en la parte interior del país de Shinshu, la escena de la novela, el Movimiento por la Libertad y los Derechos del Pueblo durante la primera mitad de la era de Meiji no había dejado casi ninguna huella y las convenciones feudales dominaban tanto que el pueblo del buraku era todavía odiado como si fuera una víbora o un escorpión. Según relató un relacionado con el buraku de este distrito, Ushimatsu debía temer que fuera linchado por haber usurpado el profesorado sagrado ocultando su identidad "humilde". El postrarse en el suelo no era nada más que un medio preventivo para sobrevivir. (HP, Nr.11)

III-3　Ciencia y religión — El conflicto de dos principios en el pensamiento de Kenji Miyazawa

Kenji Miyazawa (1896-1933) es considerado como un genio polifacético del nordeste de Japón en virtud de las grandes huellas que dejó en el género de la poesía, del cuento de hadas, y también de las ideas reformistas y religiosas. Era el primogénito de una familia distinguida en la ciudad de Hanamaki en la prefectura de Iwate. Como su padre era prendero, conocía desde niñez diariamente por experiencias la miseria de los agricultores de su tierra natal, que se llamaba Tibet de Japón. Tal entorno le condujo a intentar ayudar a los labradores pobres a través de la agroquímica, la cual estudió en el instituto de agricultura de Hanamaki y les ofrecer caridad y misericordia conforme al espíritu del budismo que la familia Miyazawa profesaba.

Como además tenía un talento literario singular, deseaba indicar a la gente la vida justa haciendo pleno uso de su imaginación riquísima y del sentido agudo de la palabra. Sus obras se sostenían tanto por la filantropía inquebrantable que en sus cuentos de hadas todos los personajes, animales incluidos, son descriptos con cariño y respeto. Según la doctrina budista de la transmigración del alma todos los seres peregrinan por 6 mundos[1] repitiendo muerte y renacimiento, por lo que Kenji estaba seguro de la igualdad absoluta de todos los seres vivos.

Pero los principios heterogéneos, es decir el científico y el religioso causaban a menudo un conflicto en su corazón. Mientras que el científico natural Miyazawa concluyó que el móvil dominante del mundo no era

科学と宗教のはざまで —宮沢賢治の懊悩

　宮沢賢治（1896-1933）は詩人、児童文学者、宗教家、社会改革者として、多面にわたり優れた業績を遺した東北の巨人である。岩手・花巻の良家の長男に生まれながら、実家が質・古着屋を商っていたことから、賢治は日本のチベットと呼ばれた岩手寒村の農民の貧苦を日常目にしながら育った。このことが、盛岡高等農林学校で修めた農芸化学による農作技術の指導・援助と、一家が信仰する『法華経』の説く慈悲や喜捨の実践へと彼を向かわせることになる。

　また類い稀な筆力に恵まれた賢治は豊穣な想像力と尖鋭な語感を駆使し、人々に「本当の生き方」を語りかけようとした。彼の文学を貫くのは強靭なヒューマニズムだが、一連の童話は動物たちの世界もまた愛情と敬意をこめて描きあげている。仏教の教義ではこの世にあるすべてのいのちが死と復活をくり返しつつ六道[1]を遍歴する。この輪廻転生論に基づき、賢治は一切の生類の絶対的平等を確信していた。

　だが自然科学と宗教の二つの原理は、彼の胸裏で度々角逐を演じた。自然科学者宮沢がこの世を統べるのは冷厳な物理的法則のみとするのに対して、宗教者賢治は万物を幸福に導く宇宙の意志を措定せずにはおれなかったのだ。仏恩による死児の救いをその兄の見る夢の形で作品に割りこませた『ひかりの素足』などの傾向的な作品はここから生まれたのだが、『銀河鉄道の夜』もまた教化臭を免れていない。賢治の残した真の傑作はそうではない。不

nada más que la ley física insensible, el devoto Kenji no podía menos de admitir la voluntad universal que llevaría a todos los seres a la felicidad, como demostró la novela *Hikari no suashi* (*Luz de los pies desnudos*) en la que la salvación de un niño muerto gracias a Buda se introdujo en la forma del sueño del hermano mayor. *Gingatetsudo no yoru* (*Noche en el ferrocarril galáctica*) tampoco está libre de la tendenciocidad budista. Muy distintas son sus obras maestras; Saburo, el nuevo alumno que aparece y sale siempre inesperadamente de *Kaze no Matasaburo* (*Matasaburo, el viento*) sugiere que aquí se trata de una amenaza estremecedora del mundo de los muertos. *Yodaka no hoshi* (*La estrella del halcón nocturno*) echa una sombra mortal a la salvación gloriosa abierta después de la desesperación. El poema *Eiketsu no asa* (*La mañana de la despedida eterna*) en el que Kenji se entrega a la pena de la muerte de su querida hermana representa la cumbre de la elegía en la literatura japonesa. Visto desde la esencia de la poesía no es casual que estas obras nacieron en el horizonte ajeno a la ilustración religiosa.

Kenji quería cumplir con la ley budista durante su vida. Había muchos episodios que probaban sus actos altruistas sinceras. Al mismo tiempo, como les pasa a menudo a las personas que desean honradamente la salvación del pueblo, puso los pies una vez en la divisoria de la política y la religión. Al abandonar a la edad de 34 años el profesorado de una escuela agronómica provincial de Hanamaki que le había traído días felices, como decía él mismo, estableció la asociación terrera privada de Rasu para dedicarse con toda el alma a la reforma de las aldeas a través del nuevo proyecto del abono. En esa época Kenji no escatimó tiempo ni donación para ayudar el Partido Laborista-Agrario como un simpatizante. *Otubel y el elefante*, su cuento infantil escrito en aquel entonces, revela la

意に現れ、不意に消えていく転校生の背後に黄泉の国からのおど
ろおどろしい威嚇を暗示した『風の又三郎』、絶望の果てに拓いた
輝かしい救済の地に死の影を投じた『よだかの星』、日本の挽歌
の最高峰にあたる、妹の死を慟哭した『永訣の朝』が、恐らく賢
治の意を越え宗教的な啓蒙と隔絶した地点で生み落されたことは、
詩文学の本質から見て偶然ではない。

　　賢治は宗教者として生を全うするよう欣求していた。彼の利
他行の一徹さを偲ばせる逸話は数多い。そして民の救済を真摯に
願う者にありがちなこととして、政治と宗教の分水嶺に彼は足を
踏み入れている。自ら「幸福な日々」と称していた県立花巻農
業高校の教師生活を擲って、1926年私塾「羅須地人協会」を
立ち上げ、肥料設計などを通じ農村の改革に邁進しようとした時
期、賢治は労働農民党に物心両面の支援を惜しまなかった。この
時期書かれた童話『オツベルと象』（1926）は、賢治の心の揺ら
ぎを露呈する。村の実業家オツベルの工場にふらりと現れた白い
象が、無邪気な好奇心から作業を手伝い始めると、強欲なオツベ
ルは機を逃さず象の自由を奪う。奴隷のように酷使され憔悴した
象はついに死を覚悟する。それを知った仲間の象たちがたちまち工
場を襲撃し、オツベルを踏み潰して白象を救出する。『法華
経』によれば白象は最高の悟りを開いた者の象徴である。縛
を解かれた白い象が浮かべる侘しい笑みは、仏教倫理に向けられ
た哀しい自嘲ではあるまいか。私利の追求に狂奔する実社会が
利他行の志に心を動かすどころか、自己犠牲の精神すら際限
なく利用せずにはおれないことを、象はいま思い知ったのだ。『法
華経』はすでに絶対的な権威ではなくなっていたはずだ。

vacilación de sus pensamientos; un elefante blanco echa un vistazo al taller de Otsubel, un industrial aldeano, y empieza a prestarle ayuda en el trabajo por pura curiosidad. Otsubel avaro no pierde buena ocasión, le priva de la libertad al elefante y le hace trabajar duro como un esclavo, hasta que el elefante se consume y se resigna por fin a morir. Al enterarse de eso, los elefantes amigos acuden pronto en tropel al taller, pisotean a Otsubel y rescatan al camarada. Según *El Hokekyo, la Sutra del Loto*, el elefante blanco es el símbolo de la persona que llegó a la verdad absoluta. Emancipado ahora este elefante sonríe tristemente, lo que puede significar una burla de la ética budista, i. e. de sí mismo, porque descubrió la esencia del asunto; la vida real en la que se mata por intereses egoístas hasta el punto de no emocionarse por acciones altruistas, sino que se aprovecha sin límites del espíritu del sacrificio. Este cuento revela que *El Hokekyo* ya no era más la autoridad absoluta para Kenji.

No obstante, él no pudo adentrarse en una nueva área ideológica. En ese tiempo le pidió comentarios a un miembro del Partido Laborista-Agrario sobre la obra de Lenin, *Estado y Revolución* y cuando las explicaciones terminaron, manifestó su resolución de retornar al budismo, porque "precisamente en Japón no cabe una revolución apoyándose en tal ideología." Y se dice que al siguiente día volvió a propagar el budismo conforme la costumbre de tocar un tamboril de forma de abanico redondo por las calles. Sin embargo, a medida que se enfrentaba cada día con problemas arraigados en las profundidades de la sociedad rural, sus obras se modificaron gradualmente. Las sombras macabras subieron desde el horizonte de presentimientos tenebrosos, y se extendieron en la superficie de su poema como nimbos. Un ejemplo típico es el poema *los pétalos del karma,* que Kenji repitió elaboraciones

だが分水嶺を越えることは叶わなかった。賢治はレーニンの書『国家と革命』の解説をある労農党員に求め、講釈が一区切りついた段階で、「日本に限ってこの思想による革命は起こらない」、自分はやはり仏教に戻ると告げ、翌日からうちわ太鼓で町を回りだしたという。だが、農村社会の深部に根差す不条理に日々立ち向かうなか、彼の詩は次第に変貌する。暗い予感の地平から不気味な影が立ちのぼり、それが群雲のように作品の表層に広がりだすのだ。

　　夜の湿気と風が寂しく入りまじり／松とやなぎの林はくろく／空には暗い業の花びらがいっぱいで／わたくしは神々の名を録したことから／はげしく寒くふるへている／ああ誰か来てわたくしに云へ／億の巨匠が並んで生れ／しかも互いに相犯さない／明るい世界はかならず来ると／…遠くで鷺が啼いている／夜どほし赤い目を燃して／つめたい沼に立ち通すのか…

　　第七行の「億の巨匠」は芸術概念ではなく、どんな人にも豊かな可能性が秘められているという認識を表したに過ぎない。血のように赤い目を濡らして沼のほとりに佇む鷺の姿には、賢治が希ったすべての人間の幸福など夢幻に過ぎまいとする、戦慄に満ちた予感が投影されているのだろうか。(HP10号)

註
1．六道とは人間が生死を繰り返しながら訪れる世界で次の六種に分かれる。①天人たちが住む天道　②修羅（闘い争わずにはすまない者たち）が住む修羅道　③人間が住む人間道　④畜生（動物）が住む畜生道　⑤餓鬼（決して満たされることのない飢えと渇き

excepcionalmente muchas veces.

La humedad de la noche se mezcla tristemente con el viento / el bosquecillo de pino y sauce se ennegrece / el cielo se cubre de los pétalos oscuros del karma / yo tirito fuertemente de frío/ porque anoté los nombres de los dioses / ¡Ah, venga alguno y dígame! / que el mundo jovial seguramente llegue en el que / cien millones de maestros vengan juntos a la luz / y no se invadan mutuamente / ... una garza chirria a lo lejos / ¿se pone de pie en el pantano frío toda la noche con ojos ardiente rojos?

Cien millones de maestros del octavo renglón no es ningún concepto artístico sino significa la cognición de que todos los hombres tienen en secreto muchas posibilidades. En la figura de la garza que se queda de pie en el pantano con ojos rojos como si sangrara refleja posiblemente el presentimiento estremecedor de Kenji de que la felicidad de todos los hombres, lo que Kenji anhelaba siempre sieceramente, no es nada más que una alucinación.

Nota: 1. Rikudo son los seis mundos (reinos) que el alma visita después de la muerte.

① El reino del cielo.

② El reino de los Asura, semidioses, que se caracterizan por celo y envidia.

③ El reino de los humanos.

④ El reino de los animales.

⑤ El reino de los Gaki, los ogros cuya hambre y sed no se satisfacen nunca.

⑥ El reino del sufrimiento. Equivalente al infierno. (HP, Nr.10)

に苦しむ者たち）が住む餓鬼道、そして　⑥地獄道。

林風舎御提供　Ofrecido por Rinpusha

Ⅲ-4 El senryu antibelicista de Akira Tsuru

Akira Tsuru, cuyo nombre civil es Katusji Kita, nació en 1909 en Takamatsu, un pueblo de la prefectura de Ishikawa. En su niñez fue adoptado por el tío quien dirigía una pequeña fábrica textil. Aficionado a la literatura desde temprano enviaba a veces su haiku o tanka, cortos poemas tradicionales japoneses, a la columna para muchachos del periódico local, *Hokkoku Shinbun*. Al terminar sus estudios en la escuela secundaria, salió a Osaka empezando a trabajar en una empresa de manufactura. Ahí tuvo contacto íntimo con el movimiento laboral de filiación comunista. Bajo influencias de la campaña de la literatura proletaria que cobró fuerzas en aquel entonces, emprendió a probar su talento en el senryu, la poesía corta tradicional como un medio literario de dirigir ironía a la sociedad. El senryu pareció ser un género poético apropiado para desplegar el espíritu rebelde de Tsuru. Sus obras tan agudísimas como puntas afiladas de la espada no solo atrajeron gradualmente alabanzas de los poetas de senryu, sino también les despertó cautela a partidarios del sistema establecido. Al entrar en el cuartel del séptimo regimiento de Kanazawa para cumplir con el servicio militar en 1930, "se rebeló contra los superiores" tan repetidas veces, que el Consejo de Guerra lo sentenció a 20 meses de condena en la prisión militar de Osaka. Esta vez fue puesto en libertad efectivamente después del cumplimiento de pena. No obstante, en 1937 fue arrestado por el agente de policía secreta bajo la acusación de que sus obras violaban la ley para el mantenimiento del orden público, que prohibía a la gente cualquier crítica a la constitución nacional (régimen imperial) y

鶴彬の反戦川柳

　鶴彬は本名喜多一二、石川県の小都市高松で1909年生を享けた。幼少時小さな機屋を営む伯父の養子になる。早期から俳句や短歌を「北國新聞」子供欄に投稿する文学少年だった。高等小学校を卒業後、大阪に出て工場労働者として働くうち共産党系の労働運動との関係を深め、当時台頭してきたプロレタリア文学運動の影響のもと、アイロニーを本領とする伝統的な短詩、川柳に親しむ。鶴の反骨心を表現するには川柳が最適の形式だったようだ。寸鉄人を刺す鋭い切っ先を備えた鶴の作品は、次第に柳壇からの称賛と、体制側からの警戒を呼び起こす。1930年兵役で金沢の第七連隊に入営後「上官への反抗」を重ね、軍法会議で大阪の衛戍監獄に送られるが、この時は一年八か月の刑期を終えて釈放されている。1937年には、一連の川柳が国体（天皇制）と私有財産制への攻撃を禁じた治安維持法違反の咎で特別高等警察に逮捕され、東京中野の留置所に収監、当時反戦活動家に必ず加えられる激しい拷問には耐えたものの、赤痢に罹患して翌年29歳の若さで世を去っている。鶴が国家権力に苛まれて夭折したことで、その作品が過大に評価されているのではない。17文字の選定・配置をめぐる犀利な計算と青年の激情とが見事に合一し、時に憤怒の焔を噴きあげるかのような作品群は鶴の才能を雄弁に立証する。

もう綿屑を吸えない肺でくびになる

　肺結核は当時紡績女工の職業病だった。1909年日本は生糸輸出国として世界の頂点に立つが、それを支えた女工らは寄宿寮

al régimen de la propiedad privada. Tsuru fue encarcelado en el calabozo de Nakano en Tokio, resistió allí duros tormentos a los que la policía militar solía someter en esa época a los activistas antibelicistas. No obstante, sufriendo de disentería después, falleció al año siguiente a la edad de 29 años. Las obras de Tsuru no han sido valorados porque murió joven, atormentado por el poder estatal. En su senryu el cálculo de seleccionar y disponer 17 moras y el ardor juvenil están bien unificados. Los siguientes poemas que parecen inflamarse de cólera, prueban su talento sobresaliente.

A causa de que su pulmón nunca más fue capaz de respirar los restos del hilo, fue despedida.

La tisis era la enfermedad profesional de las hilanderas. En 1909 Japón llegó a la cumbre del mundo en términos de la exportación del hilo de seda, mientras el trabajo había minado la salud de las hilanderas que apoyaban el desarrollo de la industria sedera. El ambiente insalubre y la comida frugal del dormitorio debilitaron la salud de ellas, sobre todo el trabajo de 15 horas respirando los restos del hilo en un taller mal ventilado les perjudicó el pulmón. La chica con las mejillas tan rojas como una manzana volvieron a su aldea algunos años más tarde con la figura terriblemente consumida por la enfermedad. Tsuru conoció un aspecto de la vida miserable de las hilanderas ("más dolorosa que la de un pájaro enjaulado o de un recluso" según *La canción de las hilanderas*) del taller que su padre adoptivo dirigía.

Brazos alzados en alto dando vivas, los se ha dejado atrás en el Continente.

En aquel entonces, cuando un joven ingresaba oficialmente en el ejército, el barrio en el que vivía solía animarlo al día de su partida. Los

の不衛生な住環境、貧しい食生活などで健康を蝕まれ、とりわけ換気の悪い工場で糸くずを吸いながら一日十五時間働くなか、肺を冒された。林檎のような赤い頬をした娘が、やがて病み果てた無残な姿で田舎に帰される。鶴は養父の経営する機織り工場で、「籠の鳥より監獄よりもなお辛い」(『女工小唄』)女工の悲惨な生活の一端を知っていた。

万歳とあげていった手を大陸において来た

　当時は出征の当日、地域の神社が旭日旗やのぼりを掲げ、住民が日の丸の小旗を手に総出で激励する習わしだった。有力者の激励の辞、出征兵士の挨拶ののち、全員が万歳を連呼、斉唱した。両手を勢いよく上にあげる動作を三度繰り返す万歳は、兵士の武運長久を祈る作法だったが、皮肉にもこの兵士は中国大陸の戦場でその両の手を失った。

手と足をもいだ丸太にしてかへし

　日中戦争の前期(1937年の盧溝橋事件から1941年の太平洋戦争勃発まで)には、およそ1.080.000の兵士が動員され、兵士の死傷率は非常に高かった。両手両足を奪われて帰還する兵士もいた。この兵士の悲惨を代弁するのが、アメリカ映画『ジョニーは戦場へ行った』(1971)だ。ベトナム戦争で手足と顔面(すなわち視覚、聴覚、嗅覚、舌)を失い、ただの肉塊にされた米軍兵士ジョーは、この身体を公開して見物料を入院費に充てるよう願い、頭部を使って残された唯一の「言語」であるモールス信号を打ち続ける。ソレモダメナラ、オレヲコロシテクレ、と。

vecinos se reunían con una pequeña bandera nacional en mano en el santuario regional donde se izaba la bandera de sol naciente y el pendón, etc. Después de la arenga de notables locales y el saludo del soldado, toda la gente daba tres vivas alzando los brazos en alto con ánimo, lo que expresaba la oración a la buena suerte militar. Irónico fue que este soldado con todo, perdió sus brazos en la batalla en el Continente Chino.

Brazos como piernas arrancadas, un tronco se ha repatriado de la batalla.

Durante la primera mitad de la Guerra contra China (desde el acontecimiento de Rokokyo en 1937 hasta el estallido de la Guerra Pacífico en 1941) fueron movilizados aproximadamente 1.080.000 soldados, y la proporción de los caídos era muy alta. Había también soldados que se repatriaron con la figura como una oruga porque había perdido incluso cuatro miembros en la batalla. Por la miseria de estos soldados habla la película estadounidense *Jonny got his gun* (1971). Joh, después de haber perdido en una batalla vietnamita todas las extremidades y la parte delantera de la cara (i.e. vista, oído, olfato y lengua), era ahora nada más que una masa de carne, esperó solo exhibir de pago su cuerpo al público para liquidar la tarifa de hospitalización. Continuó dando códigos morse con su cabeza – era ahora su única palabra — "¡Os pido matarme!", si su ruego no se realizara.

Cuando se da cuenta de movimientos en la matriz, llegan cenizas.

Al fijarse la marcha del hijo al frente, el padre a menudo planeó de improviso la boda para que el hijo tuviera la luna de miel por muy corta que fuera. Si la esposa quedara encinta, normalmente sentiría a los cinco o seis meses que el embrión se mueve, lo que despertaría en ella la conciencia de ser madre. No obstante, como si intentase el momento

胎内の動き知るころ骨がつき

　息子の出征が決まると、一時でも嫁を持たせてやりたいという親心から、よくにわか造りの婚礼が整えられた。子宝に恵まれるとふつうは5～6ヶ月後に赤子の胎動を感知し、新妻は母性を自覚して感動するという。だが頃合いを見計らったかのように、父となる人の遺骨が届くのだ。形見の品が外地から船で運ばれ、遺族のもとに辿りつくまでの時間差から見て、戦地に着任後まもなくの戦死かと思われる。

タマ除けを産めよ増やせよ勲章やろう

　ここでいう勲章とは、1890年2月11日の紀元節に制定された日本国唯一の武人勲章である金鵄勲章をさす。「武功抜群ナル者」に授与された。功一級から七級まで類別され、900円から65円まで終身年金が支給されている。太平洋戦争終了時まで94万人に下賜されたが、年金は中途から廃止された。

　弾除けは本来戦場で実弾を避けるための護符であり、千人針などがこれに当たる。だがここでは身を挺して上級軍人を守るべき兵卒を指すようだ。日本軍の階級制度は厳しく、上等兵が下級兵士に加える過酷な体罰は、上官の命令への絶対的な服従を仕込む手段として黙認されていた。下級兵士を消耗品と見なし「弾除け」として扱う封建的・暴力的な体質が、太平洋戦争において兵士の命を無視した軍部の粗暴な戦略（太平洋戦争で戦死した230万人の兵士のうち、少なくとも六割が餓死だった）に露呈し、また戦後教育界の体罰主義に繋がった。（HP23号）

peor, llegan ahora las cenizas de su marido. Contado el tiempo de que los recuerdos se transportaban del frente a Japón a la familia del difunto por barco, se suponía que falleció en el campo poco después de entrar en función.

¡Alumbrad y aumentad escudos humanos contra bala, os elogiamos con una condecoración!

Aquí se trata del Orden de Milano Dorado, el único premio exclusivamente militar establecido el 11 de febrero (Kigensetsu) de 1890. Se confirió a los militares que se hicieron destacados por servicios meritorios en batalla. El premio se clasificó en grados desde primero hasta séptimo con pensión vitalicia de 900 a 65 yenes. Hasta el fin de la Segunda Guerra Mundial fue entregado a cerca 940 mil personas, pero la pensión fue abolida a medio camino.

Tamayoke (escudo contra bala) corresponde originalmente al talismán para esquivar una bala en batalla como Senninbari, pero aquí se trata de los soldados rasos que se ponen al frente como un escudo progetiendo a los militares superiores.

La jerarquía del ejército japonés era tan estricta que castigos corporales dados por soldados superiores a inferiores eran tomados como un medio de inculcar la obediencia absoluta a la autoridad. La tendencia tan feudal y brutal del militar que conceptuaba a los soldados rasos como tamayoke (escudo contra bala) provocó la estrategia absurda sin consideración de la vida de ellos durante la Segunda Guerra Mundial (al menos el 60 por ciento de los soldados murieron de hambre), y se ligó a la tendencia de conceder demasiada importancia al castigo corporal en el mundo pedagógico en la posguerra. (HP,Nr.23)

<ruby>鶴<rt>つる</rt>彬<rt>あきら</rt>全<rt>ぜん</rt>集<rt>しゅう</rt></ruby> <ruby>一<rt>いっ</rt>叩<rt>こう</rt>人<rt>じん</rt>編<rt>へん</rt></ruby>
<ruby>1977<rt></rt>年<rt>ねん</rt></ruby>たいまつ<ruby>社<rt>しゃ</rt></ruby>
Obras completas de Akira Tsuru
redactado por Ikkojin, pullicado de
la editorial Taimatsu 1977

日本の歴史

Historia de Japón

La polémica sobre el origen del beriberi
Shigeru Tsunoda (doctor en medicina)

Actualmente es de conocimiento común que el beriberi es una enfermedad provocada principalmente por trastornos del sistema nervioso que causa la falta de la vitamina B1. Fue en el año 1885 que en Japón se entabló un gran debate sobre las causas de esta afección. Kanehiro Takagi (1849-1920), inspector general de sanidad de la marina y fundador de la escuela superior medicina de Jikei, opinó que se originara de una nutrición deficiente, mientras que Masahiro Ogata (1853-1919), profesor asociado de la facultad de medicina de la universidad de Tokio, por su parte defendió la teoría de la bacteria como el patógeno causante del beriberi. Ogata se promocionó a profesor titular al año siguiente.

La academia se dividió en quienes apoyaban la teoría de la desnutrición y quienes apoyaban la teoría de la bacteria del beriberi. El representante de la primera es Shibasaburo Kitasato (1853-1931) que estudiaba en Robert Koch Instituto en Alemania, se hizo más tarde fundador de Kitasato instituto y de facultad de medicina de la universidad de Keio, y el representante de la segunda teoría es Rintaro Mori (1862-1922), inspector general de sanidad de las fuerzas terrestres y novelista Ogai Mori. En 1911 Umetaro Suzuki (1874-1943) profesor de la facultad de agronomía de la universidad de Tokio descubrió la vitamina B1, o tiamina (oryzanin) en el salvado de arroz, que poco después de manera independiente fue descubierto también por Kazimierz Funk del Lister Instituto de Inglaterra. Con el descubrimiento de la vitamina B1 y la cura

脚気菌論争

角田　茂（医学博士）

　今では脚気がビタミンＢ１の欠乏によって起こり、神経系の障害を主とする疾患であることは常識である。しかし1885年にはその原因をめぐる大論争があった。海軍軍医総監の高木兼寛（1849-1920：東京慈恵会医科大学の創設者）が栄養不良説を唱えると、東京大学医学部講師の緒方正規（1853-1919）は脚気菌説を唱え、その翌年東京大学医学部教授となった。

　学会は栄養不良説を支持する人々と、脚気菌説を支持する人々に分かれた。前者の代表はドイツのコッホ研究所に留学していた北里柴三郎（1853-1931：北里研究所の創設者、慶応義塾大学医学部の開設者）であり、後者の代表は陸軍軍医総監の森林太郎（1862-1922: 作家森鴎外）であった。1911年、東京大学農学部教授の鈴木梅太郎（1874-1943）が米糠からビタミンＢ１（オリザニン）を発見し、その直後、英国リスター研究所のカジミエシュ・フンクも独自にビタミンＢ１を発見している。このビタミンＢ１の発見と脚気の治療により、脚気菌説は終わった。

　北里柴三郎は、本来「ジフテリアと破傷風に対する血清療法を確立した」功績により、ベーリンとともにノーベル生理学・医学賞を受賞すべき医学者であった。1891年、彼が帰国すると、脚気菌論争で東京大学と政府を敵に回していたので、勤める職はなかった。そのような状況下で彼に経済的な援助をして伝染病研

exitosa del beriberi mediante de tiamina se acabó la teoría de la bacteria.

Kitasato debía recibir el premio Nobel de fisiología y medicina junto con su colega alemán Behring (1854-1917) en virtud de su hazaña de haber establecido la sueroterapia antidiftérica y antitetánica. A regresar a Japón en 1891, no encontró ningún instituto que le emplease porque había convertido la universidad de Tokio y el gobierno japonés en enemigos por la controversia sobre el beriberi. En tales circunstancias, fue Yukichi Fukuzawa quien le ayudó económicamente a Kitasato para fundar el instituto preventivo de la epidemia. Este instituto tenía entonces los resultados sobresalientes; en 1894 Kitasato descubrió el bacilo de la peste y en 1897 Kiyoshi Shiga (1870-1957) el bacilo disentérico. Aunque han nacido aquí tantos numerosos resultados históricos, hubo ningún científico que recibiera el honor del premio Nobel. Sin embargo en 2015, Satoshi Omura, el profesor de honor consiguió la honra suprema por su logro de "desarrollar un resultado específico para enfermedades endémicas a partir de compuestos derivados de microorganismos en el suelo". Es muy grato que Kitasato Instituto haya sido revalorizado. (HP, Nr.31)

究所を創設させたのは、福沢諭吉であった。その後この研究所では1894年に北里柴三郎がペスト菌を発見し、1897年に志賀潔（1870-1957）が赤痢菌を発見している。歴史に残る多くの研究成果がありながら、この研究所からノーベル生理学・医学賞受賞者は出てこなかった。2015年、大村智特別榮譽教授が、「土壌中の微生物に由来する化合物から風土病の特効薬を開発した」という功績でノーベル生理学・医学賞を受賞されることが決まった。北里研究所が再評価されたのは大変喜ばしいことである。
（HP31号）

大村智記念研究所
Instituto conmemorativo de Dr. Satoshi Omura

La rebelión en el templo Honnoji

En el año 10 de la era de Tensho (1582), Nobunaga Oda destruyó al clan de Takeda en Kai (Yamanashi actual), uno de sus firmes rivales. Nobunaga, el señor feudal más poderoso de Japón en la época de los estados guerreros se había ya apoderado de las regiones alrededor de la capital Kioto y ahora que los señores temibles como el clan de Date en Tohoku (noreste) y el de Otomo en Kyushu le habían jurado sumisión, los enemigos que aún debía vencer eran sólo el clan de Uesugi en Echigo (Nigata actual) y el de Mori en Aki (Hiroshima actual). De esta forma llegaría a dominar todo el país tarde o temprano. Sin embargo, una gran trampa estaba preparada al final. Por la mañana temprano el 2 de junio, el templo Honnoji en Kioto en el que Nobunaga se había alojado con escasa escolta, fue bruscamente asaltado e incendiado por una tropa de más de 10 mil soldados. Al ver que los asaltantes llevaron la bandera con el blasón de campánula china, Nobunaga se enteró de que Mitsuhide Akechi, su vasallo, se rebeló en su contra. Mitsuhide, aunque había recibido de Nobunaga en la víspera una orden de acudir a Bicchu (Okayama actual) y ayudarle a Hideyoshi Hashiba en la batalla contra el clan de Mori y Shimizu, dirigió su tropa de repente hacia oriente desde el castillo de Kameyama. A los vasallos importantes que juzgaron apresuradamente que la tropa ahora iba a atacar a Ieyasu Tokugawa según la última orden de Nobunaga, Mitsuhide les manifestó: "Nuestro enemigo se encuentra en el templo Honnoji." Aunque sus subordinados le rogaron fugarse, Nobunaga prefirió quitarse la vida entre llamas dejando dicho que "no hay más remedio", y su heredero Nobutada que

本能寺の変

　天正10年（1582）、京を中心とする畿内とその周辺を手中に収めていた戦国大名の雄織田信長は、甲斐の宿敵武田氏を滅ぼした。東北の伊達氏、九州の大友氏ら有力な大名はすでに恭順の意を表しており、残る敵は越後の上杉氏、中国の毛利氏ばかり、信長にとって天下統一の夢はすでに果たされたも同然だった。ところが、最後に大きな陥穽が待ちうけていた。6月2日の払暁、信長が少数の護衛とともに投宿していた洛中本能寺を突如一万を越す軍勢が包囲し、火を放ったのだ。兵士らが桔梗の家紋を幟に掲げていることから、信長は家臣明智光秀が謀反を企てたことを知る。光秀は毛利氏・清水氏と干戈を交えている羽柴秀吉を援けるよう信長の命を受け備中に派遣されるところ、丹波亀山城から踵を返し軍勢を東へ向かわせたのだ。さては信長が攻撃目標を急遽徳川家康に変えたかと早合点した重臣に、光秀は「敵は本能寺にあり」と宣した。退却を勧める家臣らに「是非に及ばず」という言葉を残し信長は自刃、同じ洛中の妙覚寺に逗留していた嫡男信忠はひとたび二条御所に逃れるが、最後にはやはり自害し、日本史上最大の下剋上[1]は、わずか三時間で決着がついた。

　この政変は幾つもの謎を孕んでいる。腑に落ちないのはまず光秀の動機だ。土岐の地侍を一国一城の主へと取り立ててくれた主君を、なぜ討たざるをえなかったのか？　癇癖の強い信長から罵倒され、一度足蹴にされたことへの復讐とする怨恨説、信長から権力の簒奪を図ったという野望説が論じられてきたが、いずれも確

quedó en el templo metropolitano Myokakuji igualmente se dio muerte después de huir una vez al palacio de Nijo. El gekokujo[1] más impactante de la historia japonesa terminó así en solo tres horas.

Hay numerosos enigmas en este suceso; opaco es ante todo el motivo de Mitsuhide para asesinar a su señor, quien le promovió de un guerrero local de Toki a uno de sus principales vasallos dotando con un castillo. Unas opiniones encuentran el móvil en el rencor, pues Nobunaga de carácter colérico le insultó una vez violentamente dándole una patada a Mitsuhide, mientras que otras indican su ambición de usurpar el poder. Pero a estas opiniones les faltan pruebas decisivas. La así llamada "tesis de Shikoku" que insiste en que 1852 Nobunaga, cambiando de repente la política para con Shikoku, anuló la correlación recíproca con el clan de Chosogabe en Tosa (Kochi actual), decidió desplegar una tropa para destruirlo, y Mitsuhide que habia intercedido ante Nobunaga en favor de Motochika perdió el honor y prestigio. Por ello la hipótesis dice que no le quedó más remedio que dirigir su tropa a Honnoji el día de la salida del ejército de Oda a Shikoku. No obstante no hay tampoco documento que informara del estado de ánimo de Mitsuhide de ese tiempo.

Además el poder de Mitsuhide fue muy efímero (se llama el poder de tres días), porque le faltaba la deliberación y perspectiva política, lo que llevó a la hipótesis sobre la existencia de una eminencia gris, que le incitó y utilizó. Así la cuestión pasa de Por Qué a Quién, que se hubiera beneficiado con la muerte de Nobunaga. Los personajes más sospechosos son el Emperador Ogimachi o el shogun Yoshiaki Ashikaga, pues vieron su autoridad amenazada por él. Entonces son Hideyoshi e Ieyasu a los que el gekokujo por Mitsuhide pareció abrir el camino al poder. Además a estos adversarios se añaden otros enemigos en gran cantidad que

証を欠く。また1582年対四国政策を急変した信長が、土佐の大名長宗我部元親との互恵的な関係を破棄し、長宗我部氏の討伐を決定したことで、両者の仲介を務めてきた光秀が著しく面目を失ったとするいわゆる「四国説」は、織田の軍勢が四国に出陣する同じ日を狙い光秀が本能寺に攻め入ったと唱えるが、当時の光秀の心境はいまだ深い闇に包まれている。

　光秀の覇権が極めて短命に終わった（「三日天下」と称される）のは、政治的な深慮遠謀を欠いていたからだが、そこから誰か他の者に教唆され、利用されたという黒幕説が浮上する。こうして問いは「何故？」から「誰が？」へと移るのだ。

　信長の死が利得を齎すという点で、まず疑われて然るべきは失脚を恐れていた旧権力側、すなわち正親町天皇と室町幕府の将軍足利義昭だ。次に、光秀のクーデターによって権力への道の開けた秀吉、あるいは家康、そこへ信長のサイコパス的病質が生み出した多くの仇敵が加わる。石山本願寺の一向宗、比叡山延暦寺の天台宗、高野山金剛峯寺の真言宗の諸宗派は膨大な数の僧兵を動員して織田の軍勢に頑強に抵抗したため、信長は仏教教団を憎み前代未聞の大殺戮を繰り返した。忍者集団の母体にあたる伊賀の地侍も自治を尊ぶ伝統から信長の統制を拒んだため、過酷な迫害を蒙っている。死を免れた伊賀の忍者たちは諸国に逃亡しながら、忍びの武術を全国に広く伝播したのだ。

　その一命を狙う多数の仇敵が信長を幾重にも包囲していたことが、謎解きの意欲をそそるのかもしれない。とりわけ動乱期に台頭するのは大抵強烈な個性を備えた人々だが、光秀の娘への信長の

Nobunaga, un psicópata, ha creado. Él odió a las órdenes budistas como Ikkou-shu en Honganji de Ishiyama, Tendai-shu en Enryakuji de Hiei y Shingon-shu en Kongobuji de Koyasan, que le ofrecieron resistencia tenaz, movilizando las tropas colosales de monjes guerreros que el ejército de Nobunaga mató a escala inaudita repetidamente. Los ninja, espías entrenados en las regiones de Iga que según su tradición autonómica no se sometieron al imperio de Nobunaga, no escaparon de la misma suerte, y los ninja sobrevivientes se dispersaron con sus artes marciales especiales por todo el país después de la persecución brutal por Nobunaga.

El hecho de que Nobunaga fue envuelto muy estrechamente por numerosos enemigos que intentaron asesinarle, inflamó probablemente la gana de los escritores de descifrar el enigma. Estos enemigos tenían una fuerte personalidad, como los personajes en la época de gran turbación lo son en general. Si se añaden "episodios" accesorios como un enamoramiento de la hija de Mitsuhide por Nobunaga, o incluso una intriga jesuita, el acontecimiento se pondrá más excitante, adquiriendo un aspecto multidimensional. Así entre tres ejes de Mitsuhide, Nobunaga y la eminencia gris varios escritores y novelistas históricos se tejieron las pinturas del tiempo de los estados guerreros en rollo. Ellos seguirán hilando varias ficciones en lo sucesivo. (HP,Nr.18)

Nota:

1. Gekokujo es un término de la historia japonesa, significando el cambio político de que el inferior en rango social derriba al superior y usurpa su poder.

横恋慕やイエズス会の暗躍など、付随的な「逸話」を添えれば話はさらに興趣を増し、時空的な広がりも得る。こうして光秀、信長、第三の人物を軸として推理の糸がさまざまに張り巡らされ、戦国絵巻が織りなされてきたが、今後も歴史小説家らは虚構を紡いでいくことだろう。(HP18号)

註

1. 日本史において身分の下位の者が上位の者を打倒して、その権力を奪取すること。

高野山に建てられた光秀の墓
籔内秀和さん御提供
La tumba de Mitsuhide en Koyasan
Ofrecido por Sr. Hidekazu Yabuuchi

Ⅳ-3 El baile del niño extranjero — Un documento de la historia de la amistad con la Península Coreana

El barrio de Ushimado, llamada también la costa de Mar Egeo japonés en virtud del panorama hermoso alrededor del Mar Interior de Seto, se ha desarrollado como una base del comercio marítimo desde los tiempos antiguos. Aquí se celebra en la fiesta otoñal el Karakoodori (baile del niño extranjero), un baile exótico. Dos chicos con cara empolvada y con entrecejo dibujado de una cruz de tinta china roja, que es el color purificador, bailan en pareja con acompañamiento musical de flauta, tambor y del coro de muchachos de Karauta (una canción extranjera) cuyo sentido es no descifrable más ahora. El baile dura unos 7 minutos. Las oraciones que los chicos rezan bailando suenan así; Konnen (este año), hajimete (por la primera vez), nihon-he (vinimos a Japón), watari (cruzando el mar), nihon-no mikado-ha torimasen (no nos concede audiencia el Emperador japonés), kokoro (del corazón), syogan (rezamos al dios), kokoro shogan, oreimosu (le agradecemos).

Hay una opinión de que este baile provenía de Cara, i.e. China, pero en Japón Cara significa no solo China sino también el país extranjero en general, y la semejanza del estilo y traje con el baile de máscara coreano, sugiere que tiene su origen en la Península Coreana. Además dicen que antes se presentaban los bailes con rasgos coreanos desde Kumamoto, vía Shimonoseki, Tsu, Suzuka, Ogaki, Toyokawa hasta Shimoda, atravesando la isla principal japonesa a medias, aunque parcialmente se llamaban distintamente como Tojin-odori (el baile de extranjeros) o

唐子踊り ── 朝鮮半島との友好の記録

　海を囲む景観の美しさから日本のエーゲ海と呼ばれる岡山は牛窓、古来瀬戸内海運の拠点として発展してきたこの地の秋祭りには唐子踊りという、異国情緒に富んだ舞踊が奉納される。顔に白粉を塗り、災いを祓う朱墨の十字を額の中央に印した二人の少年が、およそ七分にわたり太鼓や笛のお囃子と、若者らの歌う唐歌（意味は不明）の伴奏で、自らも歌をまじえながら合舞を披露する。歌詞は、コンネン（今年）　ハジメテ（初めて）　ニホンヘ（日本へ）　ワタリ（渡り）　ニホンノ（日本の）　ミカドハ（帝は）　トオリマセン（通りません）　ココロ（心）　ショガン（所願）　ココロ　ショガン　オンレイモウス（御礼申す）である。

　この唐子踊りの起源を中国とする説もあるが、日本では唐が異国の同義語として用いられており、衣装が韓国風で、所作も韓国の仮面踊りに似ていることから朝鮮伝来と評されている。しかも、唐人踊り、寅踊りなど名称こそ異なるものの、同じく朝鮮色の強い祭礼用の舞踊が、熊本に始まり、下関、津、鈴鹿、大垣、豊川、下田まで、すでに絶えたものも加え、日本列島を半ば縦断する形で営まれてきた。これは、通信使と呼ばれる朝鮮の使節団がこれらの地やその近辺を通過した痕跡を示しているという。
　太宗の代に朝鮮は室町幕府と国交を結び、その後160年間に60余回にわたる国史の往来があったが、1592年秀吉の朝鮮侵略によって国交は断絶した。江戸幕府を開いた家康は国交の修復を願って国書を送り、1607年467名からなる使節団が訪日するに至った。

Tora-odori (baile del tigre) y en algunas ciudades alegadas arriba este baile no se ejecuta ahora más. Según dicen, es el testimonio de que el Tsushinsi, los legados de Corea pasaron por estas ciudades o las vecinas. Desde que bajo el reinado de Taejong de Joseon Corea entró en relaciones diplomáticas con el shogunato de Muromachi, se visitaban mutuamente las delegaciones más de 60 veces durante 160 años. No obstante Hideyoshi Toyotomi rompió las relaciones amistosas invadiendo Corea en el año 1592. Por eso Ieyasu Tokugawa envió cartas credenciales a Corea para mejorar las relaciones diplomáticas, después de establecer el shogunato de Edo, lo que llevó a cabo que Corea envió una delegación de 467 personas a Japón en el año 1607. Ellos partieron de Busan, hicieron escala en Simonoseki, entraron vía Ushimado etc. en Osaka y se dirigieron hacia Edo por tierra a lo largo de Tokaido, tardando aproximadamente 6 meses a la ida. Así las delegaciones estatales de Corea en envergadura de unos 500 miembros visitaron Edo 12 veces hasta 1811. Los bailadores en comitiva solían representar su danza de cuando en cuando en el camino divirtiendo al público japonés tanto que la danza se introdujo entonces en su propio festival.

En el baile de extranjeros de Tsu todos bailadores agrupados en 23 personas vestidos de gala, llevan una máscara colorista. Casi todas las máscaras tienen un rostro alegre excepto pocas que muestran los dientes por pena. Aquí se baila dinámicamente con acompañamiento de tambor, flauta y campana que comienza con la señal del sonido de la trompa. Suzuka, igualmente en la prefectura de Mie, no recibía la delegación coreana, pero celebra el tojinodori de bailadores agrupados en 3 personas vestidas extraordinariamente, deleitando la vista de numerosos turistas. (HP, Nr.42)

一行は釜山から下関にまず寄港、牛窓などを経て大阪に入港した後は、陸路で東海道を経て江戸へ赴いた。往路だけで約半年という長旅だったが、1811年まで500名規模の使節団が12度にわたり日本に渡ってきた。同行する舞踊団が途次、行った舞踊が現地の人々に強い印象を残し、それを真似た踊りが現地の祭りに取り入れられた。

　津の唐人踊りでは23人を一単位とした踊り手が特異な衣装を身に着け、カラフルな仮面をかぶる。ほとんどが笑顔の仮面だが、歯をむいて顔を歪めた面もある。ここではラッパの音の合図とともに太鼓、笛、鉦の演奏が行われ、それにあわせてダイナミックな踊りが披露される。同じ三重県の鈴鹿は通信使が通過した土地ではないが、ここでも奇抜な衣装を羽織った三人一組の唐人踊りがあり、多くの観光客を楽しませる。（HP42号）

津市広報課御提供
Ofrecido por la sección de información pública de la ciudad de Tsu

IV - 4 | Hiroshi Muneda: *El tren venido de Saipán*

Hiroshi Muneda (1909-1988) se alistó en el ejército durante la segunda guerra chino-japonesa en 1938, en la cual resultó gravemente herido durante una batalla en Sainan, publicó *las memorias de un jefe del pelotón* (1939), un reportaje de estas experiencias y ganó de una vez popularidad. Unos años después regresó al continente como un corresponsal guerrero, donde experimentó aquella batalla trágica de Imfal. Pese a tan duros antecedentes, su pluma podía convertir la vida militar, principalmente muy salvaje, en un mundo humorístico como un cuento sentimental del rakugo. En *Muy Señor mío Emperador* (1962), la exitosa novela adaptada al cine, Yamada, un soldado raso, interpretado por Kiyoshi Atsumi en la película, intenta a escribir a la Residencia Imperial al oír la noticia de la capitulación de Nankín. Mientras sus camaradas se alegran esperando que la guerra llegue pronto al fin, Yamada por su parte quiere rogar al Emperador que le autorice para pertenecer al honorable ejército en el cual tendrá comida diariamente tres veces siendo él hijo pobre de un campesino indigente.

Por eso Muneda causa en ocasiones el malentendido de ser un novelista satírico. Sin embargo en otras novelas como *El cabo Ryumon* que trata al soldado joven que se carga disciplinas durísimas para servir de ejemplo a sus subordinados hasta que muera del agotamiento, desaparece la sátira y el estilo se vuelve rígido y conciso. En el fondo de su muy variada literatura corre la simpatía a los débiles, en el nivel de cuya conciencia él quiso también permanecer. Probablemente esta posición le impide santificar la guerra. *El tren venido de Saipán* (1955) es

棟田 博：『サイパンから来た列車』

　棟田 博（1908-1988）は1938年日中戦争に応召、済南作戦時負傷した折の体験を記した『分隊長の手記』（1939）で、一躍人気作家となった。その数年後には従軍作家として戦地に戻り、あの悲惨なインパール作戦にも同行している。そんな過酷な経験を重ねながら、棟田の筆にかかると殺伐たる兵舎暮らしが、人情噺のような風情を醸し出すから不思議だ。好評を得て映画化された『拝啓天皇陛下様』（1962）では、南京陥落の報せを聞いて戦争の遠からぬ終結を喜ぶ戦友を尻目に、渥美清演じる山田二等兵は皇居に宛てて手紙を書きだす。水呑み百姓の倅に日に日に三度ご飯を食べさせてくださる有難い軍隊に、どうか自分を居残らせてください、と。

　そんなことから棟田は風刺作家と解されがちだが、部下の範たるべく過激な訓練を自己に課し、病に斃れる若い上等兵を扱った『龍門伍長』では、ユーモアが背後に退き文体は固く引き締まる。硬・軟両様使い分ける棟田文学の底流を成すのは弱者への深い共感だ。また作家として兵卒の意識水準を越えまいとするためか、聖戦意識を煽る方には関心が向かないらしい。そんな棟田が心中に収めていた戦没兵士への哀悼の念を表白したのが、『サイパンから来た列車』（1955）である。

　1955年8月15日、東京駅ホームの天井の時計が零時三十分を指そうとしたそのとき、突然14番ホームに一本の列車が入ってくる。「ラッパの音が一斉鳴り渡ると、どやどやと乗客が降りはじ

una novela en la que Muneda expresa la condolencia y respeto a los caídos en la Segunda Guerra Mundial.

El 15 de agosto de 1955, cuando las manecillas del reloj en el techo de la estación de Tokio van a indicar las doce y media de la noche, inesperadamente un tren llega al andén 14. "Al resonar el toque de la trompa, los viajeros comienzan a descender en tropel." Vestidos con el uniforme deteriorado y manchado de sangre, sudor y barro, calzando las botas de soldado con grandes agujeros, todos los viajeros están enflaquecidos, con los ojos desorbitados y desafiantes, tienen apariencia extrañísima. Ellos son los espectros de 250 soldados muertos de la cuarta compañía, habían combatido bajo el mando del general de división Akiyoshi hasta la muerte en la isla de Saipán. Hoy es el décimo aniversario de la capitulación. En el momento actual ellos han vuelto a Japón con la misión de informarse en 3 horas de la situación presente de la patria y de la gente querida, para relatarla a sus compañeros cuyos cadáveres están cubiertos del musgo en Saipán.

Un soldado raso acude pronto a su hogar. Se alivia al ver a su esposa e hijo sanos y salvos, entonces quiere darle masajes en los hombros mientras ella hace costura, para mitigar el dolor de la espalda. No obstante los vivientes no pueden percibir la presencia de los soldados muertos, ni oír su voz, ni sentir un soplar del viento aunque ellos les den un golpe en los hombros. Por supuesto tal "cruce" era previsto, pero al ir al lugar de trabajo de antes o visitar a los amigos y conocidos observando lo que hablan y hacen, ellos advierten con susto que las experiencias durante la guerra se han casi desconchado de su mente. Solo los animales se dan cuenta de ellos, lo que es la ironía más dura, que se

め」る。汗と血と泥でボロボロの衣服、ぱっくりと口を開けた軍靴、だれもが痩せこけ、目ばかりギョロギョロ光らせる異様な風体。これは秋吉少将麾下、サイパン島で玉砕した第四中隊、250名の兵士の亡霊だ。敗戦から10年を画すこの日、彼らは愛する祖国と家族らの現状を確かめ、サイパンの戦友たちの苔むす屍に報告する任務を帯び、三時間の滞在予定で祖国に帰ってきたのだ。

　ある下級兵士は直ちに家路を辿る。女房、息子の無事な様子を見て安堵し、針仕事に励む女房の肩を叩いてやる。だが家族には兵士の姿は見えず、声も聞こえず、肩を叩こうにも拳は空を切るばかり。すれ違いはあらかじめ覚悟していたとはいえ、兵士らは生前の職場や馴染みの人々を訪ね、その様子を探るうち、人々の意識から戦時の体験がほとんど抜け落ちていることに気づき、一様に愕然とする。動物だけが彼らのことを忘れていないのは、これ以上ない皮肉だ。今は一農夫に飼われている老軍馬はご主人だった大尉との一時の再会を狂喜し、大尉が永遠の別れを告げるとき哀惜の叫びを上げるというのに、「もう、おれたちのことは、日本人の全部が忘れてしまっているのではなかろうか」と不平をかこつ一兵士は、はからずも全員の思いを代弁する。10年前玉音放送を聞いて泣いていた人々がみな、平和を謳歌し笑いさざめくいま、もはや戦後ではなくなった社会には、戦没兵士が戻る場はないらしい。やがて明け方の4時、侘しい帰郷を終えた兵士らを乗せて動きだした列車は、再び闇に呑まれていく。

　戦没兵士の視座から戦後社会に向けられる批判をさらに尖鋭化したのが、この4年後発表された有馬頼義の『遺書配達人』だ。太

pueda pensar. El caballo viejo tenido ahora por un campesino se vuelve loco de alegría cuando nota al capitán, el señor de antaño, y grita lastimeramente al verlo salir para siempre después de un buen rato. Un soldad murmura inesperadamente por todos los camaradas: "tengo miedo de que todos los japoneses hayan olvidado de nosotros", pues la gente que lloró hace 10 años oyendo la declaración imperial de la capitulación, ríe siempre ahora gozando del tiempo de paz. Además ya no es más posguerra y en la sociedad no parecen caber los soldados caídos más. Pronto a las 4 de madrugada el tren sale despacio de nuevo para las tinieblas, llevando los soldados que han cumplido su regreso triste a este mundo.

Las críticas al statu quo desde el punto de vista de los soldados caídos se expresan más drásticamente en una novela publicada 4 años más tarde: *un cartero de los testamentos* escrita por Yorichika Arima. Un poco antes del fin de la guerra, cuando la legión fue movilizada al frente meridional, presentando pirexia, Nishiyama, un soldado raso fue internado en el hospital militar. Y el cabo de su grupo le visitó encargándole los testamentos de 13 camaradas, que serían aniquilados pronto. Al volver a Japón, Nishiyama comienza a buscar a los destinatarios del testamento por todas partes según escasas informaciones y cada vez que los atina, se enfrenta con las realidades crueles provocadas por la guerra. La esposa de Shimakata, el soldado de la primera clase, ha caído en una mujer pública. La esposa de Saiga, el jefe de cuadrilla, se ha convertido en un cadáver viviente, una loca, debido al trauma causado por el bombardeo aéreo a Tokio, que mató a más de 100.000 ciudadanos en una noche. El hermano menor de Ichihara, el cabo, ha sido ejecutado

平洋戦争の終盤、部隊が南方の前線へ配転される途次熱病に冒され陸軍病院に収容された兵士西山は、やがて南方で全滅する同じ分隊の戦友13名の遺言状を班長から託される。帰還後足を棒にして遺族を探し当てる都度、西山は戦後の酷い現実に直面する。島方一等兵の妻は街娼に身を落としていた。西賀伍長の妻は一夜で十万人を殺戮した東京大空襲の衝撃で発狂、生ける屍と化していた。市原兵長の弟は保護者の一家から数年にわたり虐待を受けたのち、この家族を惨殺した廉ですでに処刑されていた。遺族らの陥った惨憺たる境遇が決して例外的ではないことを、作者は同時代人の証言を積み上げながら示そうとする。

　13名の戦友が書き綴った遺言の多くは、名宛人が死んでいたり消息を絶っていたため、すでに伝える意味を失っていた。自分の使命が終わりに近づいたいま、徒労の念に蝕まれ西山は気づく。自分が八年かけて遺書を配り続けた動機は、旨い汁を吸う者たちへの憤怒であり（「悪いことをする奴は、みんな、戦争へ行かなかった奴等ばかりだ」）、戦争の悲惨を忘れつつある戦後社会へのあまりにも愚直な抗議だったということに。

　この二つの作品を、多くの文芸評論家は戦争体験の風化に抵抗する作品と評した。それは1954年の経済白書が「もはや戦後ではない」と謳う時代に対して、従軍体験を創作の中枢に据える戦中派作家が示した、ほとんど最後の抵抗だったのだ。
　それからさらに半世紀が過ぎたいま、政界、財界、学問文化の世界から戦争体験を経た人々が次々と鬼籍に移っていき、明らかに危険な兆候を示している社会の現況を前にして、いま一度サイパン

por asesinato de la familia que se había encargado de él y le maltratado como a un esclavo. Acumulando las testificaciones de los contemporáneos el autor quiere demostrar que la "posgurerra" tan catastrófica de estos destinatorios no era excepcional.

La mayor parte de los testamentos resultaron ser inútiles porque los destinatarios han fallecido o desaparecido entretanto. Al notar que su misión se acerca al fin, Nishiyama, fatigándose en extremo, sabe en este momento el motivo por qué continuaba llevando los testamentos durante 8 años : era la indignación hacia la gente que se llevaba muy buena tajada del león (Nishiyama grita: "¡Los que hacen cosas malas son siempre los que no partieron al frente!") y una protesta demasiado simple contra la sociedad de posguerra que estaba olvidando la miseria de la guerra.

Estas novelas de Muneda y Arima las consideraron los críticos en general como las protestas contra la erosión de las experiencias de la guerra. De hecho ellas significaron la resistencia de los escritores que pusieron sus experiencias del frente en foco de su literatura contra la tendencia social que pensaba, como el Libro Blanco de Economía de 1954 manifestó, que la posguerra había acabado. Desde entonces ya han pasado 50 años y los personajes que tienen experiencias de la guerra se van del mundo político, económico y cultural unos tras otros, mientras que la sociedad muestra un augurio evidentemente peligroso. ¿Qué dirían aquellos soldados, si vinieran otra vez de Saipán, sobre esta situación? (HP, Nr.36)

から戻ってくることがあるとすれば、戦没兵士らは何を語ることだろうか。(HP36号)

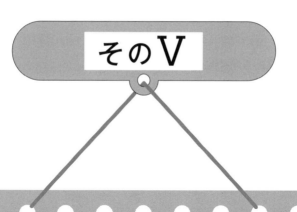

その V

日本の社会と風習

Sociedad y
Costumbres
de Japón

La historia del problema nuclear de Japón en la posguerra

Yuji Wakao (Historiador)

Después de la ocupación de Okinawa en junio de 1945, las fuerzas armadas estadounidenses empezaron a prepararse para el desembarco en la isla principal japonesa, y basándose en la conferencia de tres líderes de los países aliados en Potsdam, se hizo efectivo el ultimátum a Japón el 26 de julio exigiendo la rendición incondicional. Debido a que Japón no prestó atención a esto, los EE.UU. no suspendieron el combate y lanzaron una bomba atómica en Hiroshima (el 6 de agosto) y Nagasaki (el 9 de agosto) antes del desembarco en tierra firme. En Hiroshima uranio enriquecido - 235, en Nagasaki plutonio - 239 provocaron en un instante una fisión nuclear en cadena emitiendo una enorme energía.

The little boy, la bomba lanzada en Hiroshima por ejemplo pesó en total unas 5 toneladas, pero su poder destructivo se supuso 20 mil toneladas de pólvora TNT (20 mil bombas de 1 tonelada). Al explotar a una altura de 600 metros, convirtió todo lo que había en la superficie de la tierra de 13 kilómetros cuadrados en cenizas y en un infierno, matando a 110 mil e hiriendo a 80 mil ciudadanos. No era nada más que un arma de genocidio indiscriminado por rayo calorífico, onda expansiva y radiactividad. Además, los efectos de la radiactividad no se limitaron a afectaciones agudas. Los efectos posteriores como la leucemia aparecieron diez años después. Además efectos transmitidos de forma hereditaria todavía no han sido aclaradas.

Después de que Japón había recuperado independencia tras la Guerra

戦後日本の核問題の歴史

若尾祐司（歴史研究家）

　1945年6月沖縄を占領した米軍は、日本の本土上陸作戦を前に連合国三国首脳のポツダム会談を経て7月26日、無条件降伏を求める最後通牒（ポツダム宣言）を日本に発した。これを日本は「黙殺」し、戦闘は継続され、米軍の本土上陸前に核爆弾が広島（8月6日）と長崎（8月9日）に投下された。前者は濃縮ウラン235、後者はプルトニウム239、原子が瞬時に核分裂連鎖反応を起こし、巨大なエネルギーを放出した

　例えば、広島原爆（リトルボーイ）は総重量が約5トンであるが、その威力はTNT火薬2万トン（1トン爆弾で2万発分）と推定された。上空600メートルで爆発し、その下の地表13平方キロメートルが焼失し、死者11万人、負傷者8万人の地獄図を作り出した。文字通り、熱線・爆風・放射線による無差別大量殺害の殺りく兵器であり、しかも放射線の影響は急性障害だけでなく、被ばく10年後の白血病などの後障害があり、さらには遺伝的影響もいまだ闇の中にある。

　核兵器を告発する声は、朝鮮戦争を経て日本が独立を回復し、ビキニ環礁の米軍水爆実験で第5福竜丸（静岡籍）が被爆し、「死の灰」の恐怖が日本を覆ったときに一気に広がった。原水爆禁止運動が国民運動となり、1955年、第1回原水禁世界大会が広島で開催された。運動の中心には広島・長崎の被爆者がいた。また、この年、5人の被爆者が米国の原爆投下を国際法違反として告発

de Corea, voces de protesta contra el uso de las armas nucleares se propagaron de un tirón, cuando el barco Daigofukuryumaru perteneciente a la prefectura de Shizuoka, sufrió la bomba de hidrógeno que las fuerzas estadounidenses probaron en el atolón de Bikini por lo que el terror de la ceniza letal cubrió Japón. La campaña de Gensuikin (prohibir las bombas atómicas y de hidrógeno) llegó a ser nacional y se celebró en 1955 la primera Conferencia Mundial de Gensuikin en Hiroshima, en cuyos centros estuvieron las víctimas de Hiroshima y Nagasaki. También en ese tiempo cinco víctimas denunciaron el lanzamiento de la bomba atómica por EE.UU. como una violación del derecho internacional. En 1963 el Tribunal del Distrito de Tokio dio este pleito por concluso, dictó la sentencia de violación de la ley internacional de guerra y humanitaria internacional. Por consiguiente según la ley nacional de Japón, las armas nucleares se consideran iguales que las armas biológicas, las armas de destrucción masiva e indiscriminada por infracción de la ley humanitaria internacional.

A pesar de esa sentencia, el movimiento de Gensuikin se perdió en un laberinto durante la primera mitad de los sesenta a causa de la guerra fría y del antagonismo entre China y la Unión Soviética. Un grupo que admitió las armas nucleares de China y la Unión Soviética tomando parte en un lado de la guerra fría, ganó la iniciativa del movimiento del Gensuikyo. Otro grupo que negó cualquieras armas nucleares estableció otra organización (Gensuikin). El movimiento antinuclear se dividió en 2 fracciones.

Por otro lado, cuando Japón alcanzó a la fase del crecimiento acelerado de la economía en la década de 1960, se esperó mucho en la generación de electricidad mediante energía atómica para asegurarse energía

した。この裁判は1963年東京地裁判決で結審し、「戦時国際法・国際人道法違反」という判決が下された。したがって、日本の国内法上、核兵器は生物化学兵器と同様、国際人道法違反の無差別大量殺害兵器である。

　しかし、この判決にもかかわらず、原水禁運動は1960年代前半、冷戦と中ソ対立の中で混迷していった。冷戦の一方の側に加担し、ソ連や中国の核兵器を容認する路線が原水協の主導権を握り、「いかなる国」の核兵器をも否定する路線は1965年に別組織（原水禁）を作り、原水禁運動は分裂した。

　他方、1960年代に日本は高度経済成長期を迎え、資源のない日本がエネルギーを確保していく手段として、原子力発電に大きな期待がかけられた。東京大学をはじめ主要大学では原子工学科が拡充され、毎年500人前後の修士課程修了者が養成され、原子力事業の発展を支えた。

　こうして、1966年東海発電所（英国のコルダーホール型）に続いて、1970年に関西電力の二つの型（PWR／BWR）の米国製軽水炉が稼働した。そして、1973年の石油危機を受けて翌年に電源三法が成立し、原発立地自治体への交付金制度が設けられた。その後押しで、上記の二つの型の軽水炉の建設が進み、1979年に18基、1985年には29基と原発大国に仲間入りした。しかし、国際的にはスリーマイル島（米国）に続くチェルノブイリ（ソ連）の原発事故で、この時期から米国はじめ西側先進諸国の多くで原発建設は頓挫した。

necesaria a Japón, el país que cuenta con pocos recursos. Por eso los departamentos de ingeniería atómica fueron reforzados en las principales universidades como la de Tokio en las que se formaron 500 másters cada año para sostener el desarrollo de las empresas nucleares.

Así empezó a funcionar en 1966 la central eléctrica de Tokai (el tipo de Calder Hall inglés), y en 1970 dos tipos de Kanden, KEPCO, Kansai Electric Power Company Holdings (PWR/ BWR) de agua ligero reactor producido por EE.UU. Entonces debido a la crisis de petróleo de 1973 se aprobaron tres leyes sobre la fuente de energía eléctrica al año siguiente, y se estableció el sistema del subsidio a los municipios que ofrecieron los sitios a la central nuclear. Auspiciado por esos remedios los reactores de agua ligero de dichos dos sistemas fueron sucesivamente construidos, y en 1979 18 unidades, en 1985 29 unidades se pusieron en funcionamiento así que Japón se asoció a las potencias en centrales nucleares. Pero, visto a la escala internacional ocurrieron los accidentes en esa época en las centrales nucleares de Three Mile Island (1979) y de Chernóbil (1986) tan en serie que la construcción empezó a frustrarse en EE.UU. y muchos países avanzados de Europa.

Al contrario Japón llevó a cabo la política de promover las centrales nucleares, siendo regido por "el mito de seguridad", aunque es precisamente un país con alta actividad sísmica. Las centrales aumentaron en 1997 a 47, en 2005 a 52 unidades ocupando el 30 % de todas fuentes eléctricas. Además, en 2006 el gobierno trazó el plan "de establecer al Estado basándose en la energía nuclear", en virtud de la cual se hace frente al calentamiento global. Según ese plan se crearán más de 14 centrales que suministrarán del 30 al 40 % de la energía eléctrica y al mismo tiempo se realizará pronto el ciclo del combustible

ところが、他ならぬ地震国の日本で「安全神話」が支配し、原発推進路線が貫徹された。1997年に47基、2005年には52基へと増加し、原発が総電源構成比の３割を占めた。さらに、2006年に日本政府は地球温暖化対策として原子力に依存する「原子力立国計画」を定めた。14基以上の原発を新増設して30〜40％の電力を供給し、同時に核燃料サイクルを早期に実現するという計画である。核燃料サイクルとは、原発の使用済み核燃料（プルトニウム）をゴミにせず、それを高速増殖炉の原料とし再利用する計画である。しかし2011年、東北沖の地震と津波により福島第一原発の４基が故障し、大量の放射性物質を放出する核惨事となり、原発の「安全神話」は崩れた。また、高速増殖炉「文殊」も度重なる事故で廃炉となり、「核燃料サイクル」の夢は多額の資金を飲み込む悪夢に終わった。

　このように、日本政府は原子力「平和利用」の道をひたすら歩んできた。しかし、これに反対する動きがなかったわけではない。広島、長崎、静岡の被ばく三県を中心とする原水禁の反核運動は、放射線への恐怖から1970年代以降、「人類と核は共存できない」と反原発を訴えてきた。その声は、フクシマ核惨事を経た現在、日本国民の多数に共有されている。
　それでも、なお日本政府と関西電力などの電力会社、三菱重工・東芝・日立といった原発メーカー、有力大学の核工学者などの「原子力村」[1]は既得権益に固執している。使用済み核燃料の最終貯蔵地の見通しもないまま、ダーク・エネルギーをクリーンと偽って原発推進路線を続けている。そして、そこには東アジアの核武装諸国に対して、原発の核技術を維持していつでも核武装

nuclear, que significa que no se tiren como basura los combustibles gastados (plutonio) por centrales, sino se utilicen nuevamente como primas materias del reactor reproductor de alta velocidad. Sin embargo, en el año 2011 el terremoto y maremoto en alta mar de Tohoku causaron la avería de las cuatro unidades de la primera central de Fukushima emitiendo una enorme cantidad de substancias radiactivas. Esta catástrofe destruyó "el mito de seguridad". Monju, el reactor reproductor de alta velocidad también fue puesto fuera de servicio debido a los accidentes de repetidas veces. El ciclo del combustible nuclear se volvió una pesadilla que tragó una suma colosal de los fondos.

De tal modo, el gobierno japonés ha ido solamente por el camino del "uso pacífico de la energía nuclear". Naturalmente hubo actividades contra esta política. El movimiento antinuclear de Gensuikin, en cuyo centro se hallan Hiroshima, Nagasaki y Shizuoka, tres prefecturas que sufrieron bombardeo nuclear y saben la atrocidad de las armas nucleares, alega desde la década de 1970 que "humanidad y nuclearización no pueden coexistir". Esta apelación gana ahora la simpatía en la mayoría del pueblo japonés después del desastre nuclear de Fukushima.

Pero el gobierno japonés, las compañías de electricidad como KEPCO, los fabricantes de la central nuclear como Mitsubishi Juko, Toshiba o Hitachi, y los tecnólogos de energía nuclear de las universidades influyentes, formando un frente de alianza rústica[1], persisten en sus intereses creados. Ellos prosiguen en la política de promover las centrales nucleares, afirmando que la energía sucia es limpia, sin perspectiva de un almacén final de los combustibles nucleares gastados. Transparente es allí el propósito militar del gobierno japonés considerando a los Estados con las armas nucleares en Asia oriental;

できる態勢を保持するという、軍事的思惑が透いて見える。

　なぜなら、2017年に核兵器禁止条約が国連で採択されたが、「唯一の被爆国」日本の政府は反対し、核兵器保有国と一体になって核抑止力論に固執しているからである。そこにあるのは、当面は米国の核の傘に依拠しつつも、必要な場合には核武装もありという日本政府の本心に他ならない。

註（遠西が付加）
1. 原子力発電の利権によって結ばれたこれらの集団の偏狭さは、古い農村共同体の特徴に準えて揶揄されることがある。

若尾祐司さん御提供
Ofrecido por Sr. Yuji Wakao

mantenerse técnicas nucleares para el armamento nuclear en cualquier momento.

Lo testifica el hecho de que Japón, "el único país que ha sufrido las bombas atómicas", se opuso al Tratado sobre la Prohibición de las Armas Nucleares aprobado por la ONU en el año 2017, insistiendo en la teoría de la disuasión de acuerdo con otros Estados que cuentan con las armas nucleares. Su verdadera intención es apoyarse por ahora en el paraguas nuclear estadounidense, y decidirse en caso de urgencia por la nuclearización.

Nota: (agregado por Tonishi)

1. Estos grupos que son unidos por concesiones en generación de electricidad mediante la energía nuclear, son generalmente debido a su intolerancia comparados a la comunidad aldeana del período feudal.

V - 2 | Prohibida está la entrada a la mujer.

El 4 de abril (de 2018) se abrió la gira de los espectáculos del Ozumo (el sumo profesional) en la ciudad de Maizuru, y mientras que el alcalde pronunciaba un discurso de bienvenida, se desmayó de improviso y cayó en pleno dohyo, el círculo de la lucha del sumo. Pasó un rato sin que nadie del personal acudiera al dohyo para darle primeros auxilios al alcalde, lo que reveló que la AJS (Asociación Japonesa del Sumo) no era suficientemente prudente al no tener a un médico acompañando la gira. Más escandaloso fue que un gyoji (árbitro) llamó con micrófono repetidas veces a unas mujeres, tal vez enfermeras de profesión, que no pudieron menos que subir al dohyo y tratar de reanimar al alcalde, descender enseguida del dohyo.

Luego el maestro Hakkaku, el presidente de la AJS hizo una declaración disculpándose por la descortesía del gyoji, que se quedó tan aturdido que no pudo comportarse adecuadamente. Ya que hasta ese momento algunas alcaldesas o políticas habían exigido a la AJS reconocerles el derecho de ascender al dohyo del que sus homólogos masculinos gozaban, y no habían sido aceptadas por razón de la tradición, revivieron actualmente los debates sobre la legitimidad de dicha tradición. Ellas pusieron la consistencia de la tradición en duda, indicando la descripción en los documentos alcaicos de que mujeres habían subido al dohyo, o el hecho de que los espectáculos del sumo de mujeres se celebraban desde la época media de Edo hasta la época de Meiji. De hecho no son pocas las tradiciones cuyas bases resultan no poseer fundamentos firmes. Por ejemplo en Kioto, no se les permitía a las mujeres durante mucho tiempo

女人禁制
にょにんきんせい

　この４月４日（2018年）舞鶴市で開かれた大相撲春巡業の出来事だ。歓迎の辞を述べていた市長が突然土俵上で倒れた。直ちに救命措置を施さなければならないところ、役員の誰一人土俵に上がる者のないまま時間が過ぎた。医師を巡業に帯同しない相撲協会もさることながら、さらに顰蹙をかったのは、見るに見かねて急遽土俵に上った看護関係者らしい女性らに、「女性は土俵から降りてください」と行司が繰り返しマイクで呼びかけたことだった。

　その後協会の八角理事長は声明を出し、緊急事態への配慮を欠いた行司の不手際を詫びた。だが、以前から女性政治家や首長が登俵を認めるよう相撲協会に要望し、その都度角界の伝統を盾にして跳ね返されてきただけに、伝統の根拠を巡って論議が再燃した。そして、女性の登俵を裏付ける古代歴史書の記述や、江戸中期から明治にかけて行われていた女相撲の興行など、伝統の通時性を否定する事例が改めて提示されている。確かに、女人禁制の「伝統」には根拠の薄弱なものが少なくない。祇園祭の山鉾巡行を例にとると、伝統の名のもとに長い間女性は山鉾への参加を拒まれてきた。だが16世紀初頭から江戸時代にかけて描かれた『洛中洛外図屏風』には、鉾に座して笛を奏でる女性の姿が描かれているのだ。

la entrada en la carroza del festival de Gion, alegando la tradición. No obstante, en *Rakuchu rakugaizu byobu* (el biombo del dibujo del interior y exterior de la ciudad de Kioto), pinturas representadas de comienzos del siglo XVI a la época de Edo nos damos cuenta de las flautistas femeninas sentadas en la carroza.

Sin embargo, el problema se complica un poco en cuanto a la relación entre el sexo femenino y las religiones. Aunque las escrituras sagradas budistas tienen una tendencia precisa de menospreciar a la mujer, el budismo no le prohíbe principalmente a la mujer el acceso al santuario. La discriminación femenina la propagaron los budistas de la época de Heian, encabezados por Saicho y Kukai. Considerando originalmente todos los deseos del hombre, incluso el apetito carnal como las pasiones, el budismo admira el ideal de controlar las pasiones a través de la sabiduría. En consecuencia obliga a los bonzos y los fieles que quedan en casa, distanciarse de las relaciones sexuales, y los budistas de la época de Heian expulsaron a la mujer del santuario como un procedimiento expeditivo de realizar esto. Por otra parte el sintoísmo impide a la mujer la entrada en las montañas "sagradas", el lugar del ascetismo de los hombres, por su aversión a la impureza de la sangre de la menstruación y del alumbramiento. En el camino a la montaña más alta de Omine-san (monte Omine), la Tierra Santa del Shugendo en la prefectura de Nara, se encuentra una gran puerta en la que está escrita "el acceso está prohibido a la mujer por razones religiosas". Por ahora no se ha abandonado este tabú oficialmente.

A la mujer le está prohibido el acceso también a varios campos de la vida: sería difícil discutir el problema de diferencia del sexo de la misma manera, pero probablemente no son pocos los segmentos laborales que

　ところが、宗教が関わると話はいささか厄介になってくる。仏典には女性蔑視の傾向が見落としがたいものの、女人結界（隔絶区域）の思想は本来仏教にはない。これを言いだしたのは最澄や空海が代表する平安仏教だ。仏教は性的欲求も含め人間の欲望をすべて煩悩とみなし、知恵によって煩悩を制御することを理想とする。そのため出家者も在家信徒も、修行中は不淫戒を守らなければならず、それを実現する手っ取り早い方策として、平安仏教は男性の修行場への女性の接近を禁じたのだ。一方神道は月経や出産による血の穢れを禁忌することから、男性が修行する聖域（「霊山」）への女性の立ち入りを拒む。修験道の聖地である奈良の大峰山には山上ヶ岳へ通じる登山道に、宗教上の理由による女人禁制を伝える大きな女人結界門があり、公的にはその趣旨をいまだ変えていない。

　女人禁制は社会生活の少なからぬ領域でも通用しているルール

prohíben la participación de la mujer porque mujeres con menos fuerza física pueden perturbar los órdenes del trabajo, por ejemplo en las obras de construcción, en la industria siderúrgica o de la fermentación. Aún incorporarse a la pesca en alta mar tampoco le está permitido. Aquí hay que buscar el sistema de la coordinación social, discerniendo el papel de hombre y mujer según la especialidad de cada campo.

Al volver al tema del dohyo, muchos oyakata (maestros), los luchadores retirados reclaman: "el dohyo es un mundo de hombres. Ellos luchan cubriéndose de sudor y lodo. No nos gustaría que las mujeres lo invadan." Sin embargo, ya que ahora no solo en sumo sino también en casi todas las competencias de la lucha cuerpo a cuerpo las mujeres despliegan actividades, los hombres no podrán más monopolizar la estética macha y tosca del combate. (HP, Nr.56)

だ。酒造り、土木工事、製鉄炉などの労働現場に女性は入れないし、遠洋漁業の船に乗ることもない。一律に論じるのは難しいが、体力的に弱い女性が加われば作業の秩序が乱れることから、女人禁制を敷いているケースが少なくない。労働現場の特性に応じ、男女がそれぞれ果たすべき役割を判別することによって、社会的協業のあり方をあらためて模索すべきなのだろう。

　土俵の件に話を戻せば、角界では「汗や泥にまみれて戦う土俵は男の世界、女性に入ってほしくない」と話す親方が多いが、相撲のみならず、ほとんどすべての格闘競技で女性が活躍している昨今、泥臭い闘いの美学も男の独擅場ではなくなりつつあるようだ。(HP56号)

V - 3   La masacre de los internados discapacitados en un asilo

El martes, el 26 de julio (2016) a las dos y pico de madrugada, un guarda de noche del "jardín provincial de azucena, Tsukui" de la prefectura de Kanagawa, llamó por teléfono a un colega fuera de servicio con voz bajada: "¡Dios mío! ¡Está ocurriendo una catástrofe!" Cuando la policía, informada por este llegó al jardín de los minusválidos, el desastre ya se había acabado; un hombre irrumpió en el asilo rompiendo un vidrio de la ventana, inmovilizó a 5 miembros del personal con las bridas de goma y atacó en menos de una hora a alrededor de una tercera parte de los 149 internos sucesivamente con cuchillos. Con el resultado de 19 muertos y 25 heridos el autor del crimen salió del asilo para entregarse a la policía.

El número de las víctimas sobrepasó lo del atentado al metro con sarín (14 personas en 1995), a la escuela primaria en Ikeda (8 en 2001), y en la zona peatonal de Akihabara (7 en 2008). Además, teniendo experiencias profesionales de atender a los deficientes mentales, el autor cometió ese crimen con convicción. Este suceso inaudito conmocionó la sociedad japonesa. Satoshi Uematsu, de 26 años de edad, había trabajado como un personal regular en este asilo desde primavera de 2013. Y en febrero de este año (2016) comenzó de repente a declarar abiertamente que sería mejor que los impedidos sin capacidad de hacerse entender, murieran. Al criticarle el jefe del asilo alegando que su modo de pensar era el de Hitler, presentó enojado su dimisión. Entonces Uematsu llevó una carta al presidente de la Cámara Baja en la cual afirmó que a las personas con

障害者大量殺傷事件

　（2016年）7月26日火曜日午前2時過ぎ、神奈川県立「津久井やまゆり園」の当直職員は、非番の同僚に声を潜めて電話した、「たいへんなことが起こっている」と。報せを受け警察がこの障害者施設に着いたとき、惨劇はすでに終わっていた。窓ガラスを割って侵入した男は5人の当直を結束バンドで縛ったのち、一時間足らずの間に149人の知的障害者のおよそ三人に一人をナイフで襲撃し、19人を殺害、26人に重軽傷を負わせた。施設を立ち去った犯人は、その足で警察署に出頭していた。

　　大量殺人事件としては、「地下鉄サリン事件」（1995年死者14人）、「池田小学校襲撃事件」（2001年8人）、「秋葉原歩行者天国襲撃事件」（2008年7人）の犠牲者数を上回るばかりか、これが知的障害者への看護経験を備える人物の犯した確信犯的なテロであることに、世間は強い衝撃を受けた。犯人植松聖（26歳）は、2013年春から「やまゆり園」常勤職員として働きながら、今年（2016年）の2月急に、「意思疎通のできない障害者は死んだ方がよい」などと公言しはじめ、園の責任者から「それはヒトラーの思想だ」と指摘されると、憤慨し園を退職した。その後衆議院議長に重複障害者は安楽死させるべきだという趣旨の手紙を持参、近々「やまゆり園」を含む二つの施設で身障者260人を殺害すると予告していたのだった。

　　教育者の家庭に育った植松は、大学在学中から上半身に刺青

discapacidades múltiples se les debería practicar la eutanasia, así que iría a asesinar dentro de poco a 260 internos en el jardín de azucena y en otro asilo.

Aunque creció en la familia de un maestro escolar, Uematsu se inclinó a hábitos antisociales, tatuándose en la parte superior del cuerpo o tomando drogas peligrosas como la marihuana, mientras estudiaba en una universidad. El presagio más peligroso fue el hecho de que confesó a un psiquiatra del hospital : "La idea de Hitler ha bajado sobre mí hace poco." Es que la policía le forzó a ingresar en un hospital durante unas 2 semanas en la segunda mitad de febrero porque el jardín de azucena anunció que su opinión era muy arriesgada. Los Nazis de Alemania insistieron en que los impedidos no merecieran vivir así que mataron a aproximadamente 200.000 deficientes mentales llamando este procedimiento "la eutanasia estatal", aunque no atrajo tal atención como el Holocausto.

Satoshi Fukushima, profesor de la universidad de Tokio, siendo ciego y sordo enteramente, juzga este acontecimiento en el asilo como un reflejo de la tendencia del tiempo: "La fuente de tal idea y acción […] no será ajena al ⟨aspecto humano de Nuevo Liberalismo⟩ que cubre ahora a Japón. Nosotros vivimos en una sociedad que pone todos los hombres en jerarquía según su valor económico, potencial laboral y capacidad de producción. La lógica y su mecanismo que menosprecia o niega el valor de existencia del hombre se propagará gradualmente, envolverá al fin a la gran mayoría de la nación sin falta. Entonces se desarrollará una sociedad en la que solo un puñado de "vencedores" y "fuertes" quedarán recompensados. […] La idea que menosprecia o niega la existencia de discapacitados es la idea que menosprecia o niega la existencia de todos

を入れ、大麻などの危険ドラッグを吸うなどして、アウトローに傾きだしたというが、注目すべきは、その発言を重大視した「やまゆり園」から通報を受け、警察が二月の後半二週間ほど措置入院をさせた折、植松が精神科医に「ヒトラーの思想が降りてきた」と供述していることだ。ナチスドイツは障害者を「価値のない生命」と決めつけ、ホロコーストほどには知られてはいないが、「国家的安楽死」と称して、20万人もの知的障害者を殺害しているのだ。

　自らも全聾、全盲の障害を持つ東大教授福島智は、この事件と時代思潮の関わりを次のように指摘している。「こうした思想や行動の源泉は［…］今の日本を支配する〈新自由主義的な人間観〉と無縁ではあるまい。労働力の担い手としての経済的価値や生産能力で人間を序列化する社会。人の存在意義を軽視・否定する論理・メカニズムは、徐々に拡大し、最終的には大多数の人を覆い尽すに違いない。つまりごく一握りの「勝者」「強者」だけが報われる社会だ。［…］障害者の生存を軽視・否定する思想とは、［…］すべての人の生存を軽視・否定する思想なのである」。

　かつて石川啄木は、おそらくロシアのナロードニキを念頭に置きながら、「われは知る、テロリストの悲しき心を」と詠んだ。「奪はれたる言葉のかはりに、おこなひをもて語らむとする心を、われとわがからだを敵に擲げつくる心を…」と。だが警察署に送られる車中でにたにた笑う植松からは、人の命を奪ってまで貫かなければならない思想の重みなど、毫も感じられないのが情けない。
（HP40号）

los hombres."

Antaño el vate Takuboku Ishikawa compuso un poema probablemente acordándose de los Naródnik, terroristas rusos : "Yo sé la determinación desesperada de los terroristas. La determinación de hablar por la acción porque las palabras están quitadas. La determinación de arrojar su cuerpo hacia los enemigos." El semblante frívolo y burlon que Uematsu tenía al llevarse a la comisaría de policía en coche no hizo suponer ninguna determinación serísima que tuviera que llevarse a cabo sacrificando la vida de los demás. (HP, Nr.40)

Epílogo
Uematsu fue condenado a muerte en un juicio en el Tribunal Distrito de Yokohama en marzo de 2020, y luego retiró una vez la apelación presentada por su abogado defensor. Todavía no les ha pedido perdón a las víctimas. Sin embargo no hay pocas opiniones en SNS que defienden o incluso elogian a Uematsu. El hecho de que las familias de las víctimas se han negado en el juicio a revelar los nombres de las 19 personas asesinadas excepto una muestra también cómo profundamente está arraigada la discriminación social contra los minusválidos en Japón.

その後

植松は2020年３月、横浜地方裁判所で死刑を言い渡されたのち、弁護人が行った控訴を一度自ら取り下げたが、その後も被害者への謝罪を行っていない。しかし植松を擁護し、それどころか称賛する意見がSNSでは少なくない。裁判では１名を除き、19名の犠牲者の氏名公表を遺族が拒んだことも、障害者への社会的差別の根深さを物語っている。

2022年津久井やまゆり園は収容人員1/2の規模で再建された。
En 2022 el asilo de azucena de Tsukui se ha restablecido a la escala de media capacidad.

V - 4 Japón, mi nuevo país

Javier Vitaly

Si tuviera que resumir mi vida en Japón lo haría de la siguiente manera; cuando era niño mi padre nos dio la noticia de que nos cambiábamos de casa sentí un poco de tristeza, dejábamos una casa pequeña, alquilada, muy antigua, pero que me vio nacer y celebrar mis cumpleaños con mis amigos del barrio; pero a la vez sentí alegría por que nos íbamos a Nuestra Casa, más grande, mi hermano y yo contentos por que tendríamos nuestras propias habitaciones, al lado de un pequeño jardín. Ese mismo sentimiento de mis 12 años sentí cuando tuve que cambiar - no de casa - si no de País, salí de un maravilloso país llamado Peru para irme a vivir con mi esposa a un maravilloso país llamado Japón.

Han pasado más de 20 años y recuerdo que faltando una hora para aterrizar mi esposa me iba orientando para recoger nuestras maletas y salir lo más pronto posible ya que mi suegra nos esperaba impacientemente. Por fin anunciaron que estábamos por llegar al aeropuerto de Osaka, ya fuera del avión nos dirigimos a recoger nuestras maletas y una vez con ellas caminamos escoltados por unos turistas y japoneses que también se dirigían hasta el control de migraciones, una vez sellado nuestros pasaportes ya casi afuera vimos un tumulto de gente y por fin pudimos identificar a mi suegra que nos levantaba las manos sonriendo, ya estaba en Japón - mi nuevo País - País de mi esposa e iniciar juntos una nueva vida.

Actualmente en la empresa donde trabajo soy un japonés más en todo el sentido de la palabra; una vez a la semana tengo que dirigir una

私の新しい国、日本

ハビエル・ビタリ

　日本での暮らしをかいつまんで述べるとすれば、次のようになるでしょうか。昔、父から宿替えするぞと言われた時、ちょっぴり寂しい気がしたものです。古くて狭い借家ながら、そこはわたしが生まれ、近所の友人たちと一緒に誕生日を祝う様子を見守ってくれた家です。それはそれとして、大きな持家に移るのは楽しみでした。わたしも弟も小さな庭つきの自分の部屋を持つのが嬉しかったものです。あれは12歳の時でしたが、今度は宿替えではなく、国替えです。ペルーという素晴らしい国を去り、妻とともに日本という素晴らしい国に移るのでした。

　もうかれこれ二十年以上前のことを思い出します。着陸まで残り一時間を切ると、妻はわたしにできるだけ早くトランクを回収し、空港から出るコツを教えました。空港では義父がわたしたちの到着を今か今かと待ちわびていたのです。やっと大阪空港に着くというアナウンスがあり、わたしたちは荷物の回収所に行き、それから数人の旅行客や日本人の乗客とともに移民局に赴きました。パスポートに印を押してもらい、人々の雑踏から出るとすぐ、わたしたちに向かって両手をあげながら微笑んでいる義父の姿が目に入りました。日本に着いたのです。ここは妻の国であり、わたしの新しい国です。ここでわたしたちは新しい生活を始めるのです。

　今働いている会社では、わたしは本物の日本人仲間です。作業の開始前に毎日十分のミーティングがありますが、週に一度はわ

reunión de 10 minutos que tenemos todos los días antes de empezar a trabajar, he tenido que aprender los nombres y los kanjis de los productos que compramos, a manejar el montacargas etc... es decir que por el hecho de ser extranjero no me excluyen de hacer algunas cosas, no hay privilegio si se puede decir así. Tengo todos los beneficios y los mismos problemas que mis compañeros, he tenido y tengo pequeñas broncas de trabajo como los tendría también en mi país, actualmente vivo en un departamento del ayuntamiento, pago mis impuestos y estoy ahorrando para cuando mis hijos ingresen a la universidad.

Como extranjero, a pesar que mi esposa es japonesa y mis hijos también - personalmente- me cuesta ponerme una Yutaka para ir al Guion Matsuri de Kyoto, sentarme con las piernas cruzadas (Seiza), son pequeñas cosas que aún no me puedo acostumbrar, como latinoamericano no puedo de escuchar la música Salsa y Folklorica que tanto me gusta, darle un beso a mi esposa y a mis hijos antes de irme a trabajar (esto no lo puedo hacer en la calle), saludar con un apretón de manos o un abrazo o un beso en la mejilla al saludar a una amiga etc... son cosas que no se pueden olvidar estés donde estés.

Tengo la oportunidad de vivir y trabajar en Japón por que mi esposa es japonesa y tengo una familia ya formada, pero me gustaría que Japón le dé la oportunidad a otros extranjeros que tengan una buena formación moral e intelectual y puedan labrarse un futuro en este país, para mí con un alto nivel de seguridad y tranquilidad.

A pesar de la diferencia del idioma, comida, costumbres entre ambos países, Japón es - mi nuevo País - donde he hechado raíces, es el lugar donde me quedo y como decimos los latinoamericanos, hasta cuando Dios Quiera!.

たしが仕切ります。会社が売っている商品の名前とその漢字や、貨物用エレベーターの操作をわたしは覚えなければなりませんでした。外国人だからといって免除されるような仕事は、言い換えれば「特権」はありません。わたしは同僚と同じ恩恵に浴し、同じ問題を抱えています。仕事上の小さなトラブルは日常茶飯事ですが、それはペルーでも同じこと。わたしはいま府営住宅に住み、税金を納め、子どもたちを大学にやるために貯金しています。

　妻も子供たちも日本人ですが、わたしは外人ですから祇園祭を見物するのに浴衣に着替えるのが面倒で、正座は苦手です。小さいことですが、未だに慣れません。ラテンアメリカ人はサルサや民謡を聞くとじっとしておれなくなります。仕事に出かける前は（公道ではダメ）妻や子供の頬にキスせずにはおれません。友人とは握手し抱擁する。女性の友人に挨拶する時は頬にキスです。これはどこに行こうと忘れてはならないマナーです。

　妻が日本人ですでに子供がいるおかげで、わたしは日本に住み、日本で働く機会に恵まれました。できれば日本で働き将来を設計したいと望んでいる外国人がすべて、心身ともに健康である限り、同じような機会に恵まれるよう願います。わたしの見るところ、日本はとても安全で平和な国ですから。

　言葉、食べ物、習慣の違いはあれ、わたしは新しい国日本に根をおろしました。ここにわたしは腰を据え、ラテンアメリカ人の言い草に従えば、神がお望みになるまでここにいることになるでしょう。（遠西和訳）

ハビエルさん御一家
La familia de Sr. Javier.

現代日本の俗語
げんだい　に　ほん　　　　ぞく　ご

Vulgarismo
en Japón actual

VI-1 Los premios para las nuevas palabras y las palabras de moda (2020)

Después de que apareció un brote en China en noviembre 2019, el nuevo coronavirus ha infectado en un año a 65 millones y sacrificado más de un millón y medio de personas en todo el mundo. También en Japón la tercera ola del contagio se ha propagado ahora a un nivel muy alto y todavía no hay ningún síntoma de que vaya a cesar. Tal situación social la reflejan con agudez "los premios para las nuevas palabras y palabras de moda de 2020". Las siguientes palabras son elegidas las diez de la cumbre.

○**La palabra premiada: Sanmitsu**

Éste es el eslogan lanzado en marzo por el Ministerio de Sanidad, Trabajo y Bienestar (MSTB). El sanmitsu significa tres condiciones densas; un espacio cerrado herméticamente, un local lleno de personas y un lugar en el que las personas hablan estrechamente, es decir las condiciones que debemos evitar para que no se origine el contagio colectivo.

○**Abenomasuku**

Desde que apareció el brote del covid-19, el MSTB recomendó que se llevase la máscara como un método eficaz contra el contagio. Sin embargo la máscara empezó a agotarse en marzo de 2020 a escala mundial y el estraperleo infestó el mercado. Entonces el 1 abril el primer ministro Abe manifestó que tomaría una medida urgente; dos máscaras de tela con gasas se suministrarían a todas las familias de balde. Periodistas llamaron pronto esa máscara Abenomasuku, una parodia del

新語・流行語大賞（2020年）

　　2019年11月中国で発生した新型コロナウイルスは、一年後には世界で6.500万人を感染させ、150万人の命を奪った。日本でも感染第三波が大きな広がりを見せ、いまだに終息の兆しはない。2020年度の「新語・流行語大賞」はこうした現況を鋭敏に反映した。ベストテンには次の語が選ばれている。

○大賞　三密

　　大賞に選ばれた三密は2020年3月厚労省が掲げたスローガン。集団感染防止のために避けるべき、密閉した空間、人々が密集し密接して会話する場所を指す。

○アベノマスク

　　新型コロナの発生当初から、感染防止策として厚労省はマスクの着用を推奨したが、20年3月世界的にマスクが品薄となり闇取引が横行した。すると4月1日安倍首相は、一般世帯にガーゼ製布マスクを2枚無料で配布する緊急対策を発表した。この政策は首相の掲げる経済政策アベノミクスをもじってアベノマスクと呼ばれた。ところが届いた品は規格が小さく、毛髪や虫などの異物混入が多数報告され、しかも全戸配布が終ったころには市中の一般販売が回復しだしたため、「天下の愚策」として批判された。

○アマビエ

　　江戸末期（1846年）の瓦版によると、肥後の海から長髪で三

abenomikus (abenomía), la política económica que Abe intentaba realizar. No obstante, las máscaras repartidas fueron algo pequeñas, y contuvieron a menudo pelos o insectos muertos en las gasas. Encima cuando las máscaras llegaron a todos los hogares, la venta de máscaras ya comenzó a volverse normal, por lo que el abenomasuku fue criticado como el colmo de la tontería.

○**Amabie**

Según un Kawaraban (un periódico antiguo) de 1846, al fin de la época de Edo, apareció del mar de Higo un ser extraño con el pelo largo, tres pies, el pico de un pájaro y las escamas en el tronco, se llamó Amabie y dijo que en el futuro una epidemia se propagaría, entonces habría que mostrar una calcomanía de él, Amabie al pueblo. El personal del "Orochido" (la sala de gran serpiente), la tienda especial del cuadro del fantasma colgante en forma de rollo, informó de este suceso haciendo un llamamiento al público en SNS, "¡Hagamos ilustraciones de Amabie como un amuleto contra el coronavirus!" Mucha gente correspondió a este llamamiento, publicando sus piezas de Amabie por su manera (ilustraciones, comics, muñecas etc.) en SNS.

○**La campaña Go To**

Esta campaña representa el programa político y económico del gobierno japonés para activar el consumo y la demanda que se estancaban a causa de la propagación del covid-19. "Go to eat" subvenciona el consumo gastronómico. "Go to evento" presta asistencia a los diversos entretenimientos ofreciendo el cupón. Por razones de que la industria turística como la hostelería, la empresa de transportes y la sociedade vendedora de souvenirs (más de 4 millones de personas trabajan en estos sectores) ha sufrido sobre todo grand daño debido a la

本足、鳥の 嘴 をして、胴体に 鱗 のある生き物が 現 れ、アマビエと名乗り、今後疫 病 が流行るので、この 姿 を描き写した絵を人々に見せよと告げた。妖怪掛け軸専門店「大蛇堂」のスタッフがこの記事を取り上げ、「アマビエの絵を描いてコロナに勝とう」と SNSで呼びかけたところ、多くの人々がアマビエをアレンジしたイラストや漫画などを SNS で発 表 した。

○ Go To キャンペーン

　コロナウイルスの蔓延によって停滞した 消 費や需要の活性化を目的とした、日本政府による経済政策。飲 食 費用を援助する「GoTo イート」、イベントなどのチケット代をクーポン券で補助する「Go To イベント」などで構成されるが、なかでも外国人旅行者に支えられてきた 宿 泊・運輸・土産物などの観光関連産 業 （ 就 労人口400万人以 上 ）の受けた打撃が大きいことから、「Go To トラベル」には 1 兆 3238億円が投 入 されている。

○オンライン

　公 衆 衛生の専門家からコロナウイルスの感染予防策の一つとして、人との接 触 を減らすことが提 唱 され、多くの生活 領 域でオンライン化が進んだ。オンライン診 療 、オンライン販売などがそれである。満員電車による 長 時間通勤に悩むサラリーマンにとって、オンライン会議は大きな救いだった。その反面学校の授 業 もオンライン化され、一方通行の授 業 に不満を懐いて退学や 休 学を選ぶ学生が増え、授 業 料 の減免を求める運動も起こっている。

reducción de los turistas extranjeros, se invierten 1.323.850 millones de yenes a "Go to travel".

○**Online**

Como una de las medidas necesarias para prevenir el contagio del Covid-19, los especialistas de la sanidad pública propusieron reducir los contactos interhumanos. Debido a esto se desarrolló el sistema online en varias esferas de la vida, como las consultas médicas, las compraventas comerciales, etc. Para los empleados que debían tomar el tren atestado durante mucho tiempo, la sesión de la oficina online era una "salvación". Por otro lado, las clases universitarias online han aumentado los estudiantes que no están satisfechos de la clase unilateral, y abandonan o interrumpen los estudios. También se ha producido un movimiento que les exigen la reducción o exención de los gastos de estudios a las universidades.

○**El solo camping**

Desde hace unos años han aumentado los campistas. Antes, la mayoría iba de camping en un grupo de familia, amigos o conocidos. Ahora no son pocos los campistas que van solos; se montan la tienda de campaña por sí solos, se divierten unificándose con la naturaleza, usando lo mínimo de los instrumentos y utilizando lo máximo de los materiales naturales. Las películas animadas con las que los así llamados "artistas de camping" presentan sus autocamping, llaman la atención de la audiencia.

○**Fuwachan**

Fuwachan es el nombre artístico que consta de su nombre civil Fuwa y chan, el sufijo para expresar el cariño. Siguió ganando poco a poco popularidad con los sitios animados de YouTube o SNS en los que su

○ソロキャンプ

　ここ数年キャンプを楽しむ人が増えている。従来の友人、知人、家族を単位としたグループキャンプに代わり、近年は一人でキャンプを行うソロキャンプが少なくない。独りでテントを張り、最小限の道具を活用して、自然の素材を利用しながら自然との一体感を楽しむのだ。いわゆる「キャンプ芸人」が自分のソロキャンプを公開する動画サイトが注目されている。

○フワちゃん

　芸名は本名の不破と、親近感を表す接尾語ちゃんから採っている。ユーチューブの動画やSNSの発信で知名度を上げたコメディアン。独特の髪型とスポーツブラのファッション、底抜けに明るいキャラクターで人気を集めている。天真爛漫な芸風は20年前の篠原ともえを、小気味のよい語りは40年前の山田邦子を彷彿させるが、この両者より言葉が粗く、誰彼かまわずため口をきいてもバ

apariencia con el peinado peculiar, el vestido singular como el sostén deportivo y su carácter sumamente alegre ha tenido la buena acogida de la audiencia. Su personalidad ingenua recuerda a Tomoe Shinohara, una comediante de hace 20 años y su dicción franca a Kuniko Yamada, una de hace 40 años, pero su lenguaje es más rudo. Aunque no usa la dicción cortés a nadie, ella no ha sido sometida a duras críticas, lo que prueba probablemente que las mujeres japonesas se han hecho entretanto más fuertes en la sociedad.

○**Aterrizaje de emergencia en tu corazón**

Es un drama coreano transmitido en Japón por Netflix que llegó a afamarse mucho. Había tenido un índice elevado de audiencia también en Corea. Se trata de una señorita de un consorcio surcoreano que se ve obligada a aterrizar en la zona desmilitarizada de Corea del Norte debido a un accidente del parapente. Allí encuentra a un soldado norcoreano, quien intenta ayudarle a regresar al sur. Mientras fracasan en sus intentos, ambos se enamoran gradualmente. En tanto que mucha gente en Japón tuvo que satisfacerse con el servicio de distribución de video debido a la propagación del Covid-19, fue el motivo de que el boom de la cultura coreana ha revivido.

○**Atsumori**

"Atsumori" es una abreviatura de *Atsumare Dobutsunomori* (¡Reunios al bosque de animales!). La séptima pieza de la serie del videojuego "Dobutsunomori", que Nintendo puso en el mercado en 2001, fue publicada en marzo de este año(2020), ofreciendo la oportunidad de disfrutar de slow life, vida lenta en una isla desierta. El jugador puede construir un nuevo mundo junto con dos animales sobre la tierra intacta. Los recreos como coger insectos, verter flores, pescar y los

ッシングが起こらないのは、日本の女性がこの間それだけ強くなってきたことの証かもしれない。

○愛の不時着

　ネットフリックスで配信され、話題となった韓国ドラマ。本国でも高い視聴率を誇った。韓国の財閥令嬢がパラグライダーで飛行中、事故で北の非武装地帯に着陸、そこで出会った人民軍兵士が彼女を南に帰そうと試みを重ねるうちに二人は恋に陥いる。コロナ疫で動画配信サービスの利用者が増えるなか、日本で韓流ブームが再燃するきっかけとなった。

○あつ森

　任天堂が2001年に発売したゲーム「どうぶつの森」のうち、無人島を舞台にスローライフを楽しむゲーム「あつまれどうぶつの森」（略称あつ森）は、同シリーズの7作目として今年（2020）3月に発売された。今回は無人島を舞台に、新天地で二匹の動物とともに新世界を作り上げる。虫取り、魚釣りなどの外遊びや、イベントも季節によって変化するため、飽きることがない。コロナ疫のもと、子どもも大人も不要不急の外出の自粛が求められるなか、あつもりはたった三日で188万本を売り、空前のヒット作となった。

○鬼滅の刃

　吾峠呼世晴原作の漫画。『週刊少年ジャンプ』に2016年からおよそ4年間連載された、大正時代を生きる若い剣士の冒険譚。利発で勇敢な少年竈炭治郎は、ある日家族を鬼に殺される。家族

entretenimientos van cambiando conforme a la estación, así que el jugador no se aburre nunca. Amenazados por el Covid-19 no solo adultos sino también jóvenes no debían salir innecesaria y urgentemente, el atusmori consiguió venderse 1.880 mil unidades durante solo 3 días, lo que fue un éxito sin precedentes.

○*Kimetsu no yaiba* (espada mata-demonios)

Kimetsu no yaiba es un manga, ideado e ilustrado por Koyoharu Gotoge. Fue publicado en serie en la revista semanal *Shonen Jump* por unos cuatro años desde 2016. Se trata de la aventura de Tanjiro Kamado, un joven espadachín inteligente y valiente en la época de Taisho. Después de que su familia fue atacada por los demonios (oni), Tanjiro sale de su tierra natal con una hermana Nezuko, la única superviviente de la familia, pero transformada en un oni, sigue corriendo aventuras para buscar a los demonios, vengar a su familia y sanar a la hermana. Aunque hay muchas descripciones crueles como descuartizamiento del cuerpo o canibalismo, el manga y su animación tuvieron el éxito récord. (HP, Nr.57)

で唯一生き残ったが鬼にされた妹・禰豆子を元の人間に戻すため、そして家族を殺した鬼を討つため旅に立ち、冒険を繰り広げる。身体破壊や人喰いなどの過激な描写が多いものの、漫画もその後制作されたアニメ映画も記録的なヒットとなった。(HP57号)

VI-2 Puchi

Petit (pronunciado puchi a la fonética japonesa) es una de las palabras francesas que parecen ya haberse integrado en japonés. Para los japoneses, que todavía no son liberados del complejo de inferioridad hacia el mundo occidental, tienen un valor especial las lenguas europeas que fueron introducidas como los medios de las civilizaciones y culturas avanzadas al inicio de la época de Meiji. A rasgos generales, el alemán o inglés les evocan principalmente la racionalidad científica exacta de la civilización occidental, mientras que el francés sugiere por su parte la superioridad de la estética y arte europea.

En francés puchi (petit) significa originalmente pequeño. Quiere decir no sólo bonito o chico, los atributos afirmativos propios del niño, sino también minúsculo, incapaz o inmaduro, los negativos. Sí, antaño cuando el marxismo estaba de moda, se hablaba a menudo del "puchi buru" (pequeña burguesía) peyorativamente, como un ser sospechoso, en contra del puroretariato (proletario, la clase obrera) que fue puesto por las nubes, encargandose del futuro utópico. No obstante, este cliché cayó ahora casi en desuso y según parece, puchi goza de gran popularidad. Probablemente el sonido "puchi" suena aún más agradable. La materia reguladora y espumosa aplicada al embalaje se llama puchi-puchi conforme al sonido de aplastar las bolsitas espumosas lo que es eficaz para descargar el estrés. Se dice que les también gusta aplastar esta bolsita a los chimpancés en el parque zoológico haciendo ruido "puchi-puchi". Ahora hay muchos neologismos que utilizan el matiz

プチ

　すでに日本語化した観のあるフランス語の単語。いまだに欧米コンプレックスから抜け出せない日本人にとって、明治初期に先進国の文明・文化の媒体として移入された欧米の言語は特殊な価値を持つ。英語やドイツ語が概して西洋文明の厳密な科学的合理性を連想させるなら、フランス語はその芸術的、美的優越性を示唆するようだ。

　プチはフランス語で本来「小さな」を意味し、幼い、かわいい、など子供にまつわる好ましい意味と並び、とるに足らぬ才能の乏しい、未熟な、といった有難くない語意を含んでいる。それどころか、かつてマルクス主義が流行した時期など、労働者階級＝プロレタリアートがユートピアの担い手として持ち上げられるのに反して、プチブル＝小市民などいかがわしい存在に貶められたものだが、こんな用語も死語となりつつある昨今、プチは大流行りのようだ。ひとつには語感の小気味よさもあるのだろう。たとえば、梱包に使う気泡緩衝材にはプチプチという名前がついており、この小さい気泡を潰すのがストレス発散に役立つらしく、動物園のチンパンジーまでプチプチ音を立てながら潰して喜んでいるという話だ。怒りのあまり堪忍袋の緒が切れる「ぶち切れ」に対して、中程度の怒りを表す「プチ切れ」や、短期間のみ出奔するプチ家出は、プチという語の軽快さを利用する最近多い新語の好例だ。ブルボン製菓の「プチプチポテトシリーズ」は持続的なヒット商品のようだが、お洒落で軽妙な響きを持つプチという言葉の神通力は

ligero de la palabra puchi. Puchi-gire significando la ira del grado medio en comparación con buchi-gire, cólera que acaba toda la paciencia, y puchi-iede, escaparse de casa por corto plazo son los buenos ejemplos. Además, como la serie "puchi-puchi poteto" (patata pequeña) de Bourbon, la compañía confitera es una mercadería de éxito, atrae el poder mágico de la palabra puchi tanto a los comerciantes que en la Internet se hallan numerosas publicidades con el prefijo puchi como la palabra clave: una oficina busca a trabajadores temporales con el lema "puchi kasegi (una pequeña ganancia)", un salón de belleza al cliente con "puchi danjiki (un pequeño ayuno)" y una clínica ortopédica con "puchi seikei (una pequeña ortopedia)", subrayando que no se usa bisturí y el tratamiento se lleva a cabo en corto tiempo. La operación de aquí da la impresión de ser muy fácil porque es puchi, sin embargo no se debe dejar engañar de una promesa melosa. Se espera posiblemente puchi bensho (una pequeña indemnización). (HP, Nr.19)

業者にとっても魅力的なようで、インターネットを覗くとプチは今やキーワードだ。パートタイム労力を募る業者はプチ稼ぎ、フィットネスクラブはプチ断食などのスローガンで人を釣り、美容整形外科もメスを使わず短時間で済むものをプチ整形などと称している。こう言われると簡単な手術のような気がしてくるが、語感に騙され、トラブルがおこったときにプチ弁償で片付けられることのないよう気をつけたいものだ。(HP19号)

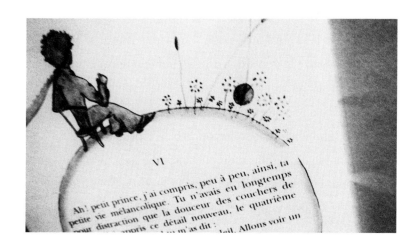

Ⅵ-3 | El lenguaje del estilo de KY

KY (Kuki Yomenai) alude a una persona quien no intuye o no puede sentir ("yomu" en japonés) el aire ("kuki" en japonés) o la atmósfera o el ambiente (en sentido subjetivo), así que no sabe comportarse en concordancia con otras personas presentes, a pesar de que es algo muy importante en las relaciones sociales en Japón. Originalmente es una jerga entre los jóvenes, pero cuando el primer ministro Shinzo Abe en 2007 presentó su dimisión del cargo urgente e inoportunamente escandalizando a la gente, fue llamado "KY primer ministro" y se propagó este argot tanto entre la gente de varias generaciones que fue nominado para el premio a "las nuevas palabras y a las palabras de moda" de 2007. Además Taro Aso que tomó posesión del cargo del primer ministro en 2008, tuvo también el apodo peyorativo "KY primer ministro", en su caso "Kanji Yomenai", significando que "no sabe leer carácteres chinos" porque se puso en evidencia la ignorancia leyendo 踏襲 (toshu) como hushu、未曾有（mizo）como "mizoyu" por ejemplo.

Por tales circunstancias el lenguaje del estilo de KY representa una combinación de letras latinas a la cabeza de los elementos cuando una palabra japonesa se escribe con el alfabeto inglés. Ese lenguaje se servía en Japón desde hace mucho tiempo. En las fuerzas navales imperiales, por ejemplo, era de moda la jerga MMK, i.e. M(motete) M(motete) K(komaru)(estar en un apuro a causa de moteru = tener tantas admiradoras femeninas). Al contrario, la abreviatura alfabética, si tiene origen inglés como CM (comercial), no pertenece al lenguaje del estilo

KY 語

　その場の雰囲気＝空気（Kuki）を察する＝読む（yomu）という、日本の社会ではとても大切な周りに合わせる配慮のできない人を、空気の読めない人という。本来は若者たちの使う用語なのだが、2007年当時の安倍首相が辞任のタイミングを間違えて世間の顰蹙をかったとき、「KY首相」と呼ばれたりして、この隠語は世代を越えて広まっていき、この年の「新語・流行語大賞」にノミネートされた。さらに翌年首相に就任した麻生太郎が、「踏襲」をふしゅう、「未曾有」を「みぞゆう」と読んだりして教養の低さを露呈した時は、「漢字（Kanji）読めない（Yomenai）」の略語として「KY首相」と腐されている。

　こうした経緯から、句や語の頭文字をローマ字で表した日本語の略語を「KY語」と呼ぶようになった。同じくアルファベットを用いた略語でも、CM（コマーシャル）のように、英語を語源とするものはこれにあたらない。KY語は結構昔から使われており、例えば日本帝国海軍ではMMKを「モテてモテて困る」（Motete Motete Komaru）の意味で用いていた。KY語は日本語を表記するのにアルファベットを使うPCの入力システムや、略語が氾濫する現代の言語状況を反映しているが、職場や大学などにおいて、仲間うちの隠語でコミュニケーションが成立する閉鎖的な人間関係を象徴するところがある。

de KY. Aquí se refleja la situación contemporánea del lenguaje en la que se graban las palabras joponesas usando el alfabeto inglés en Internet o teléfono móvil donde abundan las abreviaturas. Al mismo tiempo el lenguaje de este estilo simboliza las relaciones humanas demasiado cerradas en las que las jergas juegan un rol importante en las comunicaciones. (HP, Nr.9)

どんぐりころころ DBK（ドンブリコ）

Una bellota rodó y cayó (con chapoteo)

お池にはまって STH（さあ大変）

en un estanque. (¡Dios mío!)

どじょうが出てきて KNW（今日は）

Entonces una locha apareció, diciendo (¡Hola!)

坊ちゃん一緒に ABS（遊びましょ）

¡Niño! vayamos juntos (a jugar)!

　―声に出して読む名句「KY式日本語」（大修館）より

Recitemos las frases célebres del Japonés del estilo de KY
(Taishukan)（HP9号）

中山恵子さん御提供　Ofrecido por Sra. Keiko Nakayama

El kadomatsu

Suguru Hakotani (monje budista)

Un día hacia fines del año yo conducía un coche en cercanías de la escuela secundaria N perteneciente a la municipalidad de H. Al acercarme a la entrada principal de la escuela, me eché sin querer a exclamar de admiración y pisé el freno. Delante de la entrada había un par del kadomatsu majestuoso, que medía casi 2 metros. El bambú verde central tenía un diámetro mayor de 15 centímetros y había sido cortado de un golpe precisamente en diagonal. Probablemente un profesor de la escuela había construido esta obra artística. Yo lo miré con admiración un rato.

Aunque hay varias opiniones acerca del origen del kadomatsu, es considerado generalmente como un yorishiro[1] que atrae al dios del año. Su modelo de la época de Edo, tres bambús y un pino rodeados firme en sus pies por las leñas cortadas, que se colocaba delante de cada puerta del castillo Edo, es hoy común.

Un vecino ha construido por su parte el kadomatsu así: Se cortan tres bambús verdes diagonalmente de un tirón, se añaden una rama del pino y ciruelo, se adornan unas berzas decorativas y una rama de nandina con frutos rojos a pies y se fijan todos materiales por las leñas cortadas. Es una obra admirable que no solo hace sentir la capacidad y buen gusto del trazador sino también la tradición histórica.

Hace bastante mucho tiempo el así llamado "movimiento de mejorar la vida" (?) propuso abolir el kadomatsu, porque "es costoso y malgasta los recursos." Por eso ocurrió un fenómeno cómico de que el kadomatsu

門松
かどまつ

波来谷　傑（僧侶、仏教徒）
は　こ　たに　すぐる　そうりょ　ぶっきょうと

　年末に車でH市立N中学校の傍を走っていたときの事、正門前に差しかかったとき、思わず「オオーッ」と声を上げ、ブレーキを踏んでいた。門前に立派な門松が一対飾られている。高さは二メートル近くあろうか、中央の青竹は直径が15センチは優にある。それが斜めに見事に鮮やかに切り取られている。この学校の教師の作であろうか。立派な芸術作品である。しばらく見とれていた。

　門松の由来には種々の説があるが、年神の降臨する依代[1]と考えられる。様式としては江戸時代に江戸城の各城門を飾った三本の竹に松を添えて根元を割木で囲った形が今では一般的である。

　近所のお宅の門松は、三本の青竹をスパッと斜めに切り、松、梅を添え、葉牡丹や南天の実をあしらい、割木で根元をしっかりと固めて完成だ。作る人の力と美的センスと、また歴史を感じさせる立派な芸術作品だ。

　随分以前のことであるが『生活改善運動』（？）なるものが「門松は費用もかかるし、資源の無駄である、門松を廃止しよう」と提唱し、門松が姿を消し、代わりに門松を印刷した紙が玄関口に貼られるという珍現象が現れて久しい。ただ最近は門松を作るブームが再現しつつあるようだ。

desapareció y la imagen del kadomatsu impresa en papel fue pegada en la entrada de la casa en compensación. No obstante, ahora parece que la moda de construir el kadomatsu ha regresado.

Aunque el kadomatsu proviene probablemente, como se mencionó más arriba, del yorishiro que atrae al dios del año, será absurdo notar un sentido religioso en el kadomatsu y alegar con ardor que no se permita introducir algo especial de una religión en el lugar de la enseñanza pública. Yo pienso que el kadomatsu es un buen legado cultural y folclórico. ¡Admiremos sinceramente la obra!

En cuanto a la relación de la educación pública y la religión, se trató últimamente de un círculo de la lucha del Sumo en una escuela primaria vecina S de la ciudad H. Como el sumo es muy popular en esta región, varias personas han probablemente contribuido de varias maneras a este asunto. El círculo es impecable. El problema es el techo sobre los cuatro pilares. Es construido por el estilo Shinmei, aquel magestuoso estilo del techo, interior suspendido en Kokugikan. Justamente el techo propio del santuario sintoísta. ¿No significa que se lleva la religión determinada (el sintoísmo en este caso) en el lugar de la educación pública?

Este asunto provocó discusiones en el consejo municipal también. Extrañamente, sin embargo, no se trató de la construcción de un establecimiento de la religión especial en lugar de la educación pública, sino de un exceso de presupuesto así que el teniente del alcalde dimitió asumiendo la responsabilidad. A la cuestión sobre la religión y le educación pública no se prestó atención. Este caso no está del todo claro.

前述のように門松の由来は、歳神の降臨する依代と考えられることから、公立中学校の門前に飾られた門松に宗教的意味合いを考え、公教育の場に特定の宗教的な事を持ち込むのは問題だとシャカリキになるのは愚の骨頂だ。門松は立派な民俗的な文化遺産だと思う。素直に作品を讃えよう。

　公教育と宗教的な事で言えば、最近近隣のH市立S小学校に相撲場ができた。相撲の盛んな地域であるから、いろんな人のいろんな力が働いたのだろう。立派な相撲場だ。問題は四本柱の上の屋根である。国技館のつり屋根と同じ神明造の立派な屋根である。これは神社の屋根そのものである。公教育の場に特定の宗教（この場合は神道）を持ち込むことになるのではないか。
　この件は市議会でも問題になった。ただ不思議なのは、問題になったのが公教育の場に特定の宗教的な建物を建設することの是非ではなく、費用が当初予算を大幅に超過したという事である。その責任を取って副市長が辞職した。公教育と宗教の問題がすっかり抜け落ちている。何ともスッキリしない結末だ。

註
1. 神道で言う、神霊が取り憑く対象物

Nota:

1. Un objeto que es capaz para atraer la divinidad
   en sintoismo.

その**Ⅶ**

日本人の食

Gastronomía
japonesa

Ⅶ-1 **¿Es el sanma amargo o salado?**

Al oír la palabra "el Sanma (cololabis saira)", la mayoría de los japoneses recordará tal vez el cuento del rakugo, *el sanma de Meguro*. Un buen día en otoño un señor feudal joven disfrutaba de un paseo largo en caballo con los vasallos. Dejándose llevar por la euforia, hizo una carrera con ellos a lo largo de la carretera de Meguro, una aldea en Edo. Entones percibió un olor muy apetitoso; un campesino viejo asaba un sanma después de echar sal que había ido a comprar expresamente a Shinagawa, el lugar cercano al mar. Habiendo sido invitado al plato del sanma recién asado por el campesino, el señor que tuvo el estómago vacío después del buen ejercicio le dio un fuerte mordisco al pescado que no había probado hasta ahora. ¡Qué exquisito! El sanma que en esa época estaba especialmente saboroso. Desde ese día el señor no podía olvidar el sabor del sanma. Era por eso que nombró el sanma cuando visitó a un pariente y fue preguntado su comida preferida. El cocinero del pariente se sorprendió de su gusto vulgar, pero para no faltar a la cortesía, quitó grasa del pescado cocido al vapon, extrajo las espinitas por las pinzas, y sirvió así el plato ya enfriado. El señor se extrañó primero de su sanma desfigurado y entonces de su gusto soso. "¿Es un sanma auténtico?" "¡Sí, señor!" "¿Dónde ha sido pescado?" "Se ha abastecido del mercado de pescados en Nihonbashi" "¡El sanma debe ser de Meguro después de todo!"

El sanma que encantó a este señor es un pez migratorio, sale de la alta mar de Chishima a últimos de agosto, dirigiéndose al sur a lo largo de Hokkaido y Sanriku, las regiones del noreste de Japón, y llega por

さんま苦いか塩っぱいか

　さんまと聞けば、大抵の日本人が落語の滑稽噺「目黒のさんま」を思い浮かべることだろう。

　さるお城の若いお殿様が、天気の良い秋の日に家来を引き連れ遠乗りに出かけた。興に乗ってお江戸のはずれ目黒の街道で家来どもと駆け比べなどなさったところへ、うまそうな匂いが漂ってくる。百姓の爺さんがわざわざ海沿いの品川まで行って買ってきたというさんまを焼く匂いだ。ひと暴れして腹ペコになったお殿様は爺さんにおごってもらったサンマの塩焼きにかぶりつく。生まれて初めて食べたさんまのこのうまさ！　しかもこの時期のさんまは旬ときている。その時の味が忘られず、たまたま訪れた親戚の家で食事の接待を受ける段になり、サンマを所望する。お殿様の趣味の悪さに親戚の料理番は驚くが、ともかく粗相がないよう、蒸して脂を抜き、毛抜きで小骨を取り、冷めたサンマを食膳に。お殿様は変わり果てたその姿にまず驚き、一口食べてそのまずさにまた驚く。「これがサンマか？」「御意」「どこのさんまじゃ？」「日本橋の魚河岸から取り寄せました」「サンマはやっぱり目黒に限る」。

　お殿様の舌を魅了したサンマは回遊魚で、毎年八月の下旬になると、北の千島の沖合から北海道、三陸の沿岸を南下し、十一月ごろ銚子の沖合に到着、この時期の漁港はサンマ一色となる。旬のサンマを炭火で焼くと香ばしい香りがたちこめるが、香りの

noviembre a la alta mar de Choshi de la prefectura de Chiba. En esta temporada todo el puerto de Chosi está lleno casi exclusivamente del sanma. Al asarse el sanma a la brasa, sale un humo aromático debido a lípidos que contienen mucho EPA y DHA, los ácidos buenos para la actividad cerebral. "¿Es sanma amargo o salado?", Haruo Sato, el poeta célebre, describió así en su poesía comparando el sabor de las entrañas del pescado con el amargor de su amor. Probablemente el poeta no comió un sanma fresco, porque su hígado sabe propiamente un poco dulce, haciéndose amargo con el tiempo. Dicho sea de paso que la parte quemada del sanma es cancerígeno, pero el nabo rallado que los japoneses suelen tradicionalmente añadir al sanma asado, tiene efecto anticancerígeno, según dicen.

El sanma compone con la sardina, caballa y el jurel, "los cuatro dioses" del hikarimono (el pescado con piel reluciente y pálida) y contiene mucho valor nutritivo siendo además adecuado para varias cocinas. Sin embargo no está evaluado tanto a causa del precio bajo porque se pesca en grandes cantidades. Es extraño que el valor gastronómico de un pescado depende del valor monetario.

Por eso el sanma había sido excluido de la cocina de la Corte Real japonesa donde se servía solo de los pescados blancos como el besugo, la platija o la trucha. Esta ley no escrita la violó Taka Adachi quien fue luego la segunda mujer del gran chambelán Kantaro Suzuki que asumió más tarde el cargo del primer ministro de Japón. Esta Taka era de carácter muy fuerte; cuando los soldados rebeldes en el Golpe de Estado del 26 de febrero de 1936 han abierto fuego contra Suzuki, se plantó ante un oficial para frenar que le diera un golpe de gracia a su marido así que este escapó milagrosamente de la muerte. Ahora bien, Taka fue

元である脂質には、頭脳活動に良いというEPAやDHAが多く含まれている。「さんま苦いか塩っぱいか」と名高い詩人の佐藤春夫は恋の苦さをさんまのはらわたの味に譬えたが、新鮮なサンマの肝臓は甘みがあり、佐藤の食していたのはおそらく活きの悪いやつだったのだろう、日が経つと苦みが増す。ちなみにサンマの焦げは発がん性物質を含むが、古来日本人が塩焼きに添えてきた大根おろしには、発がんを抑える効果があるという。

　サンマは鰯、鯖、鰺と並んで光物の四天王で、栄養価も高く、いろいろな料理法がある。ところが大量に水揚げされるため、安価で世間の評価は高くない。貨幣価値によって魚の料理上の値打ちまで決まるのは変てこだ。

　そのため、鯛、平目、鮎のような白身の魚しか使わない皇室では、さんまは余計者だった。その不文律を破ったのが、後に首相となる鈴木貫太郎侍従長の後妻足立たか。二・二六事件（1936

originalmente admitida como un tutor del príncipe en la Corte, se consagró al servicio del príncipe Hirohito, más tarde Emperador Showa durante 11 años. Una vez ella sirvió en la comida un sanma, uno de los prohibidos pescados con carne roja, llamándolo Akigatana. (Al sanma se puede dar el kanji 秋 (aki=otoño) 刀 (katana=espada) 魚 (sakana=pescado) porque se parece a una espada con la forma larga y fina, verde en espalda y blanco en vientre). El Emperador quedó probablemente tan fascinado por su gusto que cuando guardaba cama en sus últimos años mencionó el sanma al ser preguntado por el medico qué le gustaría comer, según dicen. (HP,Nr.30)

年）で鈴木に銃撃を浴びせた将校の前に立ちはだかり、将校がとどめを刺すのを制した気丈な女だ。おかげで鈴木は九死に一生を得た。さて、たかは皇孫御殿の養育係として採用され、のちに昭和天皇となる裕仁親王に11年間仕えたが、あるとき御法度の赤身魚であるさんまを「あきがたな」と称して食膳に供した（細身で背は青緑、腹部は白、刀に似ていて秋が旬であることから秋刀魚の字が充てられている）。昭和天皇はその味に魅せられたらしく、晩年病床にあって医師から何が食べたいかと問われ、秋刀魚をと答えたという。（HP30号）

Ⅶ-2 El awabi — Mon oreille est un coquillage. Qui aime le bruit de la mer.

El Awabi, el Haliotis o la Oreja Marina, tiene una concha de forma de un platillo llano, ovalado y distinto de otras almejas sin opérculo. ¿Pensó Jean Cocteau posiblemente en el haliotis, al componer su poema:"Mon oreille est un coquillage / Qui aime le bruit de la mer?" Perteneciendo a la almeja de oreja en japonés, el awabi lleva a menudo el nombre relacionado con la oreja también en otras lenguas. En el margen superior hay de cuatro a diez orificios para metabolismo, los cuales tapa primero el pulpo, su enemigo natural con los tentáculos cuando lo ataca. Al awabi le gustan las algas que crecen en el arrecife profundo hasta 50 metros que da al alta mar así que antes sólo las buceadoras lo recogían. A pesar de que en estos últimos años se desarrolló la técnica de la acuicultura por la fecundación a través del estímuo de la temperatura del agua y de la cría del alevín que se sueltan entonces al mar, el awabi es aún el alimento de primer orden así que en China se puede encontrar raramente el plato de awabi, que es normalmente importado y costoso.

Ya que sus pedazos se excavan a menudo del cúmulo de conchas, el awabi se comía en Japón desde tiempo antiguo. Es siempre saboroso sea crudo o cocido al vapor o asado. El secreto de su sabor se halla en el glutamato contenido en su carne, la exquisitez conocida por "Ajinomoto[1]". La carne consistente y dura tiene también una buena acogida del pueblo. El noshigami, el papel de felicitación que se pone hoy en día en regalo, se origina del noshiawabi (el awabi extendido), la carne de awabi cortada a un cordón delgado y largo, desecada y extendida. El noshiawabi es un

鮑 ─ 私の耳は貝の殻、海の響きを懐しむ

　鮑は卵楕円形の浅い皿状をしており、通常の巻貝とは違って蓋がない。「わたしの耳は貝のから、海の響きを懐かしむ」と謡ったとき、ジャン・コクトーはアワビのことを思い浮かべていたのだろうか。鮑はミミガイ科に属し、外国でも耳に関わる名前の付いている場合が多い。殻の上の縁には4個から10個の呼吸孔があり、天敵にあたる蛸はまずこの穴を足で塞いで攻撃する。鮑は外洋に面した岩礁の藻を好み、水深50メーターあたりを下限に棲息しているので、昔は海女が潜水して捕獲するのが常だった。近年は温度刺激などにより受精を促し、稚貝を育成して天然漁場に放流する技術が開発されている。だが鮑は依然として高級食品であり、中国ではほとんどが輸入品でコストがかかるため、鮑料理は数少ない。

　貝塚からよく破片が出土するとおり、鮑は大昔から食されていた。生でよし、蒸してよし、焼いてよし、その味の秘密は、肉に含まれた調味料「味の素」[1]でおなじみのグルタミン酸だが、コリコリとした食感も人気がある。現在祝儀の贈答品に添える熨斗紙は、アワビの肉を薄く長く紐状に削ぎ、乾燥して伸す熨斗鮑に由来する。これはきわめて高級な贈答品で、今でも神道の儀式に用いられている。鮑の消費量が日本一多いのは意外にも山国の山梨県だという。隣県の静岡から取り寄せた鮑を醤油でじっくり煮る煮貝が好まれる。文字通り「かい（甲斐）の国」だ。これに反して人気の高い食材ながら、鮑が船底の穴をふさいで船の沈没を防いだという故事が伝えられており、鮑を神とみなして決して食

obsequio de calidad tan superior que se usa todavía en el rito sintoísta. Dicen que la prefectura que más consume el awabi es inesperadamente Yamanashi, una región montañosa. A la gente de Yamanashi le gusta el plato de Nigai (concha cocida), el plato del awabi comprado de Shizuoka, la prefectura vecina, y cocido sin prisas. Es chistoso que Yamanashi se llamaba antes Kai, un homónimo de la concha significando la valle entre montañas. Al contrario hay también unas regiones cuya población nunca come el awabi divinizándolo según la leyenda de que los awabis hayan protegido los barcos del hundimiento cubriendo los agujeros del fondo del barco.

El interior del awabi es de nácar irisado muy vistoso que se utiliza en la incrustación de nácar. Había una maniobra especial de ese nácar; Antes vendían monjes malos una concha del awabi a alto precio insistiendo en que una estatua de Kannon, diosa budista de merced se hubiera aparecido en el interior. Era un engaño; si se dibuja una imagen a la superficie del interior de la concha con tinta china, añade aquí vinagre y se borra la tinta después de un rato, la imagen se surge automáticamente. ¿Hay aún personas que se dejan engañar de un truco tan sencillo? Finalmente, en Japón el platillo de mesa de un gato era la concha del awabi desde la época de Edo, no sé por qué. El gato[2] de profesor Soseki tenía tal platillo también. (HP, Nr.41)

Nota:

1. Ajinomoto es un condimento químico puesto en mercado en el año 1909.
2. El protagonista de la novela *Wagahaiwa nekodearu* (Yo soy gato) (1905-1906) escrito por Soseki Natsume. Su amo es Sr. Kushami (Estornudo).

さない地方もある。

　鮑の貝殻には独特の真珠色の光沢があり、螺鈿細工に用いられる。時には鮑の貝殻に慈悲の仏である観音様の像が浮き出たと言って、高価に売りつけるような売僧がいたのだが、これはペテンだ。貝殻の表面に墨で画像を描き、そこに酢を盛って、しばらくしてから墨を消すと絵が盛り上がる仕組みになっているだけのことだ。今時こんな単純なトリックに騙されるような人もあるまいが。最後に、どういうわけか、猫の食器は江戸時代から鮑の殻と決まっていたようだ。苦沙彌先生んちの「吾輩」[2]も然り。(HP41号)

註
1．1909年から市販されている化学調味料
2．夏目漱石の小説 吾輩は猫である (1905-06) の主人公。飼い主は苦沙弥先生

El sake japonés

Siendo un samurai debes beber el sake. Si consigas en recompensa la lanza más preciosa de Japón, serás un verdadero samurai del clan de Kuroda. — canción popular: *kurodabushi*
(En la época de Azuchi Momoyama Mori Tomonobu, un vasallo del señorío feudal Chikuzen, enviado por su Señor Nagamasa Kuroda a Masanori Fukushima, el general conocido como gran bebedor, apuró una copa enorme llena de sake respondiendo a la provocación tan perfectamente, que ganó el honor del samurai del clan de Kuroda, obteniendo en premio la lanza "Japón", la mejor del país con la que el shogun Hideyoshi le había obsequiado a Fukushima.)

Como todas las etnias, la raza japonesa también gozaba de la bebida alcohólica desde la época prehistórica. Unas ruinas del período medio (de 4.000 a 3.000 años a.J.) de la época de Jomon testifican que ya en ese tiempo existían unas bebidas que se obtenían por la fermentación de bayas o cereales. A partir del advenimiento del cultivo húmedo del arroz desde el continente en el siglo Ⅱ o Ⅲ a.J, se produjo el sake, el vino de arroz, del modo primitivo de masticar el arroz cocido en la boca. Este método de estimular la fermentación alcohólica del almidón mediante el fermento sacarífero en la saliva se practicaba ampliamente en Asia de Este, Sureste y en América Central y del Sur hasta que se encontrase Koji-kin, un moho con enzimas que también se usa para hacer miso y salsa de soja en Japón. En la época de Nara (710-784) y Heian (794-1185)

日本酒

〽 酒は呑め呑め　呑むならば　日本一のこの槍を　呑みとるほど
に呑むならば　これぞ真の黒田武士　— 民謡「黒田節」

（安土桃山時代、筑前藩主黒田長政の命のもと酒豪で知られる戦
国武将福島正則を訪れた家臣母里友信は、巨大な盃に注がれた
酒をみごと呑み干して黒田武士の面目を施し、褒美に正則が秀吉
から下賜された名槍（日本号）を譲り受けた）

　大抵の民族の例に漏れず、日本人も古くから酒を楽しんでいる。
縄文時代中期（紀元前4000-3000年）の遺跡が示すように、当時
は漿果や雑穀を原料とする酒が作られていた。そして紀元前2、
3世紀頃大陸から水稲耕作が渡来するとともに、口噛みの酒が作ら
れるようになった。唾液に含まれる糖化酵素を利用して澱粉のアル
コール発酵を促すこの原始的な方法は、麹菌が発見されるまで
東アジア、東南アジア、中南米に広く分布していた。麹菌は味
噌や醤油の醸造にも利用されるカビの一種である。奈良（710-
784）、平安（794-1185）時代には酒の醸造は朝廷や僧坊で行わ
れ、その後だんだん都市部の酒屋に醸造と販売の中心が移ってい
くなか、日本独自の酒造方法が確立している。

　その方法を要約すると、まず玄米を精米して蒸し、その一部から
麹を作る。麹菌を生やすのに生の穀類を用いる中国とは異なり、

el sake se producía sólo dentro de la Corte Real y los templos, pero, el foco de la producción y venta del sake se trasladó entonces gradualmente a las vinaterías urbanas, y entretanto el procedimiento de la producción a la manera particular del Japón se estableció.

La fórmula se resume así; primero se quita la cáscara externa del arroz integral. Se cuece este arroz al vapor de cuyos lotes se produce el koji-kin, la levadura: el modo propio japonés, mientras que en China se usan los cereales crudos para que brote el moho, koji-kin. El arroz cocido a vapor sobre el cual se ha sembrado el koji-kin se mezcla con más arroz cocido al vapor, agua y la levadura en un mismo tanque para que se fermente durante unos 20 días. Este proceso simultáneo de sacarificación y fermentación se da únicamente en el sake entre todas las bebidas alcohólicas. Se comprime luego este líquido turbio para separar la hez y se conserva el seishu, el sake transparente después de hiire (pasteurización), una maniobra de impedir la putrefacción así como kanzukuri (producir en frío), la fermentación durante los días más frios del invierno. Hiire había sido inventado en Japón ya 500 años antes de que Louis Pasteur, el célebre bacteriólogo francés lo concibiera.

En la segunda mitad de la época de Edo (1603-1867) en la que la clase burguesa conseguía cada vez más poder económico, se llegaron anualmente 1.800.000 barricas de sake a Edo (Tokio actual) de las regiones productores famosos como Nada, Fushimi, etc. Se dice que en Edo cada adulto bebía aproximadamente 3 go (0.55 litros) al día en esa época, 2 o 3 veces más que hoy. Se supone que el sake de este tiempo era generalmente seco. Después de que el mejoramiento del sake avanzase desde 1935, el sake se diversificó del suave al seco especialmente como "Onigoroshi" (matar al ogro).

蒸した米を用いるのは日本独自の方法である。ついで蒸し米に麹菌をまぶし、そこに水と蒸し米を混ぜ、酵母を加え同じタンクの中で約20日間発酵させる。糖化と発酵を同時に行うのは、すべてのアルコール飲料の中で酒だけだ。できあがった濁った液体から粕を分離するために圧縮し、火入れ殺菌して澄んだ液体となった清酒を貯蔵する。冬の最も寒い時期に発酵を進める「寒造り」と並び、酒の腐敗を防ぐ火入れ殺菌法は、かの有名なフランスの細菌学者ルイ・パスツールより500年も前からすでに日本では考案されていた。

　　町人が経済力をつけた江戸後期には、灘、伏見などの名産地から年間180万樽もの酒が江戸に運ばれた。概算では江戸の成人が一日平均三合（0.54リットル）の酒（今日の二～三倍）を飲んでいたことになる。当時の酒は辛口だったと想定される。1935年あたりから酒の品種改良が進み、日本の酒は甘口から特別な辛口（「鬼殺し」）まで、銘柄が多様化していった。

　　日本酒は本来徳利で燗をつけ、猪口で飲む。ぬる燗で42℃、熱燗で50℃くらいである。冷酒は口当たりがよいため、早飲みして量を過ごしがちだが、最近は海外への輸出用に冷酒専用の銘柄もできている。アメリカ、香港をはじめ多くの外国の国々では、寿司を筆頭として和食が進出するに応じ、日本酒の人気も高まっている。良い酒の条件である良質の水と米を原料とし、そして優れた技量をもつ杜氏によって作られる日本酒は、最近の十年間で輸出量が倍増しているという。（HP11号）

Normalmente se bebe el sake calentado de 42 grados centígrados (Nurukan) a 50 (Atsukan) con el tokuri, una botella para calentar sake y el choko, una copita de cerámica. Reishu o hiyazake, el sake frío tiene tan buen paladar que se excede posiblemente en beber. No obstante hoy en día se producen los sakes apropiados para hiyazake también para exportar a los países extranjeros. En muchos países como EE.UU., Hong Kong, Corea etc., el sake consigue cada vez más popularidad a medida que la comida japonesa, sushi a la cabeza, se introduce en el mercado. Se dice que la exportación del sake japonés que se produce con 3 condiciones de procurar la buena calidad, i.e. el buen agua, el buen arroz y la administración de buen Toji, el artesano de la fermentación, ha duplicado durante los últimos 10 años. (HP, Nr.11)

日本酒の様々な銘柄　御室仁和寺前寺石酒店御提供

Varias marcas del Sake japonés Ofrecido por la vinatería Teraishi delante del templo Omuro — Ninnaji

Ⅶ-4 Chawanmushi (El plato de huevo cocido al vapor)

Dicen que el chawanmushi, un plato de huevo cocido al vapor fue inventado para servir a los chinos que residieron en el Tojinyashiki, la zona de los chinos en la ciudad de Nagasaki, la única puerta abierta al extranjero en el período de Edo bajo el reinado de Tsunayoshi Tokugawa. Al tomar este plato en Nagasaki por primera vez en su vida, Nobutake Yoshida, un samurai del señorío de Iyo-Matsuyama (prefectura de Ehime actual) se sorprendió de que hubiera en el mundo un plato tan exquisito, que él mismo abrió más tarde un restaurante especializado en chawanmushi. Hasta tal punto este plato del huevo disfruta de gran popularidad entre los japoneses. Se ponen los ingredientes que combinan bien con el huevo, por ejemplo kamaboko (pasta de pescado cocida), carne de pollo, gambas, anguila de mar asada, seta japonesa, y el manjar con mucho valor nutritivo como nuez de ginkgo o bulbo de lirio en una taza cilíndrica, se vierte huevo disuelto con caldo dashi (un suave caldo de bonito), se pone entonces una hoja de trébol o piel de yuzu (un cítrico parecido al pomelo) por aroma, y se cuece al vapor en una vaporera. Actualmente para cocinarlo en casa se utiliza a menudo el horno microondas. En verano el chawanmushi se sirve enfriado y se le añade un caldo frío, mientras en invierno se puede servir en caliente. Es muy agradable la sensación deslizante de unas natillas de huevo a la garganta y divertido buscar bajo el mar de natillas un ingrediente al gusto.

Dicho sea de paso que en Kagoshima hay una canción cómica que

茶碗蒸し

　茶碗蒸しは徳川綱吉の時代、海外との唯一の接点だった長崎の唐
人屋敷で、中国の客人をもてなす為に考案された料理だという。
伊予松山（現愛媛県）の藩士であった吉田信武は、長崎で初めてこ
れを食べ「こんなに美味しい料理があったのか！」と大いに感激
して、1866年（慶応２年）に自ら茶碗蒸しの専門店を開業した
というが、ことほど左様に日本人から広く愛されている卵料理だ。
　卵と相性の良い具材として、蒲鉾・鶏肉・小海老・焼きアナゴ、
椎茸などに銀杏や栄養価の高いユリ根といった独特の食材を加え、
これを円筒形の茶碗に入れ、溶き卵に薄味のカツオの出し汁を注
いだのち、吸口にミツバや柚子（グレープフルーツに似た柑橘類）
の皮などを乗せて蒸し器で蒸す。一般家庭では、最近は電子レンジ
で調理されることが多い。夏場には冷やして上に冷たい出汁をは
り、冬場には熱いままで供される。卵のつるんとした食感は喉
越しがよく、カスタードクリーム状の卵の海から好みの具材を探
しだすのも楽しい。

　ところで、鹿児島には茶碗「蒸し」に「虫」をひっかけた珍奇な
歌がある。ある茶店で客が「茶碗蒸し」を注文したところ、店の
主人も店員も何のことかわからない。主人は，客に出したお茶に
虫がついていたと勘違い、「お前は茶わんをきれいに洗ったか？
茶わんに虫がついとるとお客さんが言っとるぞ」と店員を詰る。
店員は「日に日に三度も洗っとります。いったいその虫は茶わんに
ひっついていた虫でしょうか。それとも洗い物かごなどをはね歩く

aprovecha el doble sentido de la palabra mushi, un bicho o calentar al vapor. Un cliente pide en un merendero un chawanmushi, pero ni el dueño ni el dependiente saben de qué se trata. El dueño cree que el cliente se está quejando de que se encontró un gusano en la taza de té que le ha servido el dependiente así que le reprocha: "¿Has lavado bien la taza? El cliente se queja de que había un gusano en la taza." El dependiente contesta: "Lavo las tazas tres veces al día. ¿Se pegó un gusano a la taza, o apareció un insecto en la cesta de la vajilla? Si el gusano se pegó a la taza, por supuesto asumo la responsabilidad." Al oir al dependiente así responder irritado, los clientes se ríen a carcajada.

Una traducción de la letra de la canción: Pero ¿qué es esto? Las tazas de la casa están muy limpias porque las lavo tres veces al día. ¿Quiere decir que un gusano se pegó a la taza? O, ¿Un insecto saltó en la cesta de la vajilla limpia? ¡Qué vergüenza! ¡Qué risas! (HP, Nr.53)

虫でしょうか。茶わんについている虫なら私の責任ですが。」と息巻くのを聞いて、客が大笑いするというのだ。歌詞とその意味は次のとおりである。

歌詞：うんだもこら　いけなもんな　あたいげんどん　ちゃわんなんだ　日に日に三度もあるもんせば　きれいなもんごわんさ　ちゃわんについた虫じゃろかい　めごなどけあるく虫じゃろかい　まこてげんねこっじゃ　わっはっは

意訳：まったくそれは　どんな物なのですか？　私の家の茶碗は毎日，日に３回も洗っているため清潔なものです　茶碗についた虫のことでしょうか　洗い物かごなどをけちらして歩く虫のことでしょうか　まったく恥ずかしいことです　わっはっはっ（HP, 52号）

日本人の娯楽
（にほんじん の ごらく）

Entretenimientos de japoneses

El rokyoku

Las etnias residentes en torno de la cordillera Altaica tienen un canto peculiar y tradicional que se llama nodouta en japonés, el canto de garganta. En Japón es conocida una especie de nodouta mongol, khoomei; el cantador entona dos voces con diferente calidad de sonido al mismo tiempo. Un sonido agudo resuena un rato como un silbido atravesando las vastas praderas de Mongolia, convirtiéndose de repente en una voz áspera como si rugiera un demonio subterráneo. Esta voz ronca recuerda aquella del cantante de Rokyoku japonés, por ejemplo, de Torazo Hirosawa de la era de Showa (1926-89). El hecho de que khoomei derivó del chamanismo, nos ilumina sobre las relaciones de ambos cantos. El rokyoku también tiene su origen en el saimon que es una música religiosa japonesa, sobre todo para exorcizar al demonio. En ambas músicas se confiaba igualmente a la voz ronca e impetuosa la fuerza mental para subyugar al espíritu maligno.

Según *La historia del rokyoku en Japón* escrito por Iruru Masaoka, un crítico de entretenimientos teatrales, el saimon era una pieza dramática representada por la recitación en tono religioso y recreativo. Desde la Edad Media hasta principios de la época moderna artistas ambulantes interpretaron el saimon narrando historias de dioses y Buda a los peatones o a la puerta de las casas una tras otra pidiendo limosnas. Entonces el saimon divergió por época y región, como de la siguiente manera. 1. El deroren-saimon: el cantante con el traje del yamabushi, anacoreta japonés, tocaba un horagai, una caracola, y un shojaku, un

浪曲

　アルタイ山脈の周辺民族には、喉歌という特殊な歌唱がある。モンゴルの伝統音楽ホーミーがその一つだ。一人の歌手が音質の異なる二つの声を同時に使いわける。モンゴルの広大な草原を吹きぬける疾風のような鋭い高音がひとしきり響き渡るかと思うと、音は突如地霊の咆哮を想わす不気味なだみ声に反転する。日本の浪曲師、例えば昭和期（1926-89）に活躍した広沢虎造の唸りに似た響きだ。この喉歌が呪術に由来すると聞くと合点がいく。浪曲もまた宗教音楽である祭文の、悪霊を祓う呪文に端を発するからだ。あの強烈なだみ声には、悪霊を調伏する念力が託されていた。

　演芸評論家正岡容の『日本浪曲史』によれば、祭文とは宗教性と娯楽性をあわせもつ語りもののこと。中世から近世にかけて、大道芸人が神仏の縁起などを通行人に語りきかせ、あるいは門付け芸人が民家の戸口で口演し銭を請うた。やがて祭文は時代や地方の色を帯び変種を生む。山伏姿が法螺貝を吹き錫杖を鳴らし、「でろれんでろれん」と口三味線で相槌を打つでろれん祭文、そこに踊りの振りを入れるちょんがれ、願人坊主（僧形の芸人）が時事風刺の俗謡を添える阿呆陀羅経などがそれである。芸の変容はおそらく、祭文の宗教性が薄れ娯楽性が前面に出る過程でもあった。

　明治の初め、伝統的な話芸である講談の語りにちょんがれの節をつけ、阿呆陀羅経のテンポを活かす新しい芸能として浪曲が生

bastón con aros metálicos, acompañaba la narración con un estribillo "deroren deroren" por su voz en lugar del shamisen, un instrumento musical japonés de tres cuerdas. 2. El chongare; el cantante de la misma apariencia que del deroren-saimon añadía a la narración gestos coreográficos. 3. El ahodarakyo; el ganjinbozu (artista disfrazado de monje) añadía al chongare canciones populares con sátira que trataban problemas actuales. Quizás a medida que el saimon se transformaba, los factores religiosos retrocedieron y los recreativos llevaron ventaja.

En la primera época de la era de Meiji (1868-1912) ha nacido de estos espectáculos un nuevo género; Se añadió al Kodan clasico, que es la narración dramática tradicional, las melodías de chongare entonadas con la voz áspera del deroren-saimon y con el ritmo del ahodarakyo. Se trata de Rokyoku representado por 2 músicos. Uno, el Rokyokushi (el cantante) canta y relata (tanka), mientras el otro, el jugador (Kyokushi) le acompaña tocando el shamisen y jaleando. Como el rokyoku representa así una síntesis de los géneros establecidos, encontró amplia aceptación entre el pueblo. Se llama también Naniwa-bushi, porque tenía popularidad sobre todo en Osaka.

El rokyoku consiguió de repente tanta aceptación durante la guerra contra China (1894-95) y contra Rusia (1904-05) que en la ciudad de Tokio el número de teatros y cantantes especializados en rokyoku superó el de otros espectáculos. El gran éxito del rokyoku de aquel entonces lo encarnó Kumoemon Tochuken. Fue una gran proeza en el cuadragésimo año de Meiji, que su representación de *Ako-gishiden (una anécdota sobre los samurai fieles del señorío Ako)* llenó por un mes completo el Hongo-za, uno de los teatros más destacados de Tokio.

まれた。浪曲は浪曲師が節や啖呵（台詞）を口演し、三味線使い（曲師）が伴奏や掛け声をいれるという共演スタイルをとった。こうした幾つかの芸能の混在が、大衆に広く受容される素地となっている。特に大阪で人気があることから、浪花節とも呼ばれる。

　日清・日露戦争の頃から浪曲は頓に流行だし、東京市では専門の寄席や歌手の数が他の芸能を上回るようになる。当時の浪曲の隆盛を象徴するのが桃中軒雲右衛門だ。雲右衛門は明治40年『赤穂義士伝』を演目に、東京屈指の大劇場である本郷座を一月にわたり満員札止めにするという快挙を演じた。やがて大正、昭和に入ると、ラジオの普及とともに浪曲は国の隅々まで広まり、芸能分野ではさらに人気を博する。

　だが、それに応じて浪曲への風当たりは強まった。東京の文化人は講談や落語の洗練された話芸を好み、浪曲を野卑と貶したが、畢竟それは祭文を乞食芸とする社会の差別観に由来した。絶頂期の雲右衛門は今の相場で3億円を超す年収を誇ったが、東京の貧民窟、芝・新網町の出身、金の使い方を知らずに浪費を重ねすっからかんになって43歳で死んでいる。大正から昭和にかけ名だたる浪曲師は大方が下層の庶民の子だった。次郎長ものを十八番にした虎造の前歴は電気工事の人夫、美声で鳴らした吉田奈良丸は祭文芸人の子、『唄入り観音経』で名を上げた三門博に到っては、親に捨てられた浮浪児だった。細民の出自は浪曲の世界に「血と汗と泥」のように（正岡）こびりついていた。

　浪曲師が地方巡業に詰めかける常民を主役に据えた台本を選

Luego junto con la difusión por radio en la era de Taisho (1912-26) y Showa (1926-89), el rokyoku se propagó por todo el país, disfrutando de la popularidad cada vez más grande en el campo del entretenimiento.

Sin embargo, contrariamente a ese éxito, el rokyoku fue expuesto ahora a críticas fuertes. A las personas cultas de Tokio les gustaban desde antes el rakugo y el kodan, los humorismos refinados entre los entretenimientos, mientras consideraban el rokyoku como vulgar y grosero, lo que resultaba después de todo de la discriminación social que juzgaba el saimon como un arte de mendigos. Kumoemon en la cima de la prosperidad ganó más de trescientos millones de yenes por año conforme al precio corriente, proveniendo de Shiba Shin-amicho, un barrio desacreditado de pobres en Tokio. Cayó en la quiebra repetidas veces porque no supo manejar el dinero, y falleció a los 43 años de edad en la extrema pobreza. Los rokyokushi notables en la era de Taisho y Showa eran generalmente hijos de la familia humilde. Torazo, célebre por la especialidad de la serie de Jirocho fue un peón electricista, Naramaru Yoshida, legendario por su buena voz sucedió a su padre en la profesión de cantante del saimon. Paradigmático parece el caso de Hiroshi Mikado quien adquirió fama gracias a la pieza *Utairikannonkyo* (*Sutra de la Diosa de la piedad con canción*); era un niño vagabundo abandonado por su padre. La vida de la capa inferior se pegaba al mundo de rokyoku como "sangre, sudor y barro" (Masaoka).

Conforme a sus procedencias los rokyokushi quisieron arrojar luz sobre la vida del pueblo, que acudía a las representaciones durante las giras por provincias. Ellos escogieron los temas en los que el populacho

び、その生の哀歓を旋律に掬いあげたのも、その出自からして頷けることだ。百姓（『唄入り観音経』）、盲人（『壺坂霊験記』）、染物職人（『紺屋高雄』）の健気な心根は必ずや報われよう。盲いた瞳に光が宿り、骸が息を吹きかえし、吉原最高位の花魁はしがない職人の一途な恋に涙し、綺羅を捨ててその妻となる。この世には神や仏は必ずおわし、最後には善が栄え悪は滅びるのだ。聴衆にカタルシスを満喫させたのち、「ちょうど時間となりまし」て三十分の作品は完結する。ポピュリズムと言えばそれまでだが、ここには庶民に寄りそい、喜ばせ励まそうとする浪曲師の心意気が感じとれるはずだ。

　こうして半世紀にわたり大衆芸能の王座に君臨した浪曲は、1960年頃から一気に衰退の道を辿る。「聞かす」ラジオから「見せる」テレビへの文化情報の媒体の変化に取り残されたとする解釈が主流だが、むしろ戦後本格的に流入した西洋音楽の影響のもと、日本人の音感が激変したのが主因ではあるまいか。オペラ音楽に慣れた耳には、かつて豪放と讃えられた雲右衛門のだみ声や癖の強い母音の発声は、不気味なまでに不自然だ。また義理（恩義）と人情（恋人や肉親への愛）の板挟みという浪曲お馴染みの葛藤も、人間関係を効率性で割り切りたがる若者らには、古臭い感傷でしかないのかもしれない。しかも、大衆との接点を失いつつある浪曲界にとって、「唸るカリスマ」の異名のもと他の音楽ジャンルとの競演を試み、斯界革新の旗手と目された国本武春が円熟の境地を目前に没した（2015年）のは、大きな痛手だったはず、浪曲はこの先古典芸能中の絶滅危惧種として、細々と口演を続けるほかないのだろうか。（HP57号）

era el protagonista y trataron de dar melodía a la tristeza y alegría de ellos. Un campesino (de *Sutra de la Diosa de la piedad con cansion*), un artista invidente (de *Tsubosakareigenki* ⟨*una anécdota milagrosa del templo de Tsubosaka*⟩), un obrero tintorero (de *Koyatakao*) reciben sin falta una recompensa merecida por su honradez. Un ciego recupera la luz en los ojos, un muerto resucita. Se le saltan las lágrimas de la emoción a la cortesana de sumo grado de Yoshiwara cuando un obrero humilde le confiesa su fervoroso amor a ella, se casa con él sacrificando la vida fastuosa. No puede ser que en este mundo falte Dios, tampoco Buda. Después de soportar muchos sufrimientos, el bien vence y el mal pierde al final. Dando catarsis al público hasta la saciedad, se finaliza "ahora el tiempo permitido" de la representación. Sí, es seguramente el populismo, pero es claro que los rokyokushi intentaron siempre ponerse juntos al pueblo, dándole consuelo y estímulo.

En la década de 1960 comenzó de una vez la decadencia del rokyoku, después de haber ocupado el trono de los entretenimientos populares durante medio siglo. Parece común la opinión de que el rokyoku quedó abandonado por el cambio de medios informativos y culturales, i. e. de la radio, el medio acústico a la televisión, el medio visual. Pero probablemente, la caída comenzó más bien por el cambio radical del oído de los japoneses debido a las influencias de la música occidental que entró en Japón plenamente en la posguerra. Los amigos de ópera por ejemplo empezaron a considerar probablemente la entonación áspera y ronca de Kumoemon, que antes había sido admirada como enérgica, casi inquietante, y su pronunciación peculiar de vocales poco natural.

En todo caso es un suceso muy grave para el rokyoku perder el íntimo contacto con el pueblo del que sacó inspiración y energía para renovarse. Por eso un gran golpe fue el hecho de que Takeharu Kunimoto, el abanderado de la renovación del rokyoku, quien solía cooperar con músicos de otros géneros, falleció en el año 2015 antes de perfeccionarse. ¿Terminará el rokyoku sin más remedio que sólo haciendo representaciones modestas como una especie del arte tradicional en peligro de extinción semejante al Ningyojoruri u otros? (HP, Nr.57)

<ruby>国本武春<rt>くにもとたけはる</rt></ruby>2008<ruby>年<rt>ねん</rt></ruby>ライブ　<ruby>撮影<rt>さつえい</rt></ruby>ⓒ<ruby>森幸一<rt>もりこういち</rt></ruby>
<ruby>国本武春<rt>くにもとたけはる</rt></ruby><ruby>事務所<rt>じむしょ</rt></ruby><ruby>御提<rt>ごてい</rt></ruby><ruby>供<rt>きょう</rt></ruby>
Takeharu Kunimoto, live en 2008 fotografiado: ©Koichi Mori
Ofrecido por la oficina de Takeharu Kunimoto

El kendo
Masahiro Shimosada (Estudioso de la literatura china,
posee quinto dan del kendo)

【La definición y denominación del Kendo】

El Kendo es una de las artes marciales establecidas en Japón.
Desarrollado a partir del Kenjutsu, la esgrima con el sable japonés, se
distanció del arte práctico en batalla con el paso de mucho tiempo,
avanzó hacia una cultura con objetivos diversos como formación
espiritual, defensa personal, fortificación corporal etc. Según la Unión
del Kendo Japonesa (UKJ), que tiene la misión de desarrollar y propagar
el kendo en Japón, definió en 1975, el kendo es el camino de formar la
personalidad por el entrenamiento del manejo racional de la espada.

La denominación kendo se hace oficial desde la modificación de "las
listas de las clases de la educación física escolar" en 1926. En la época de
Edo (1603-1867) se había llamado comúnmente kenjutsu, en la de Meiji
(1868-1912) gekiken, y en la época de Taisho (1912-1926) era conocido
ampliamente como kendo. A partir de la época de Showa (1926-1989)
kendo se usa casi exclusivamente.

【La historia del Kendo】

La técnica de manejar la espada empezó a ingeniarse con la aparición
de la espada japonesa en la época de Nara (710-784). Esta técnica siguió
refinándose gradualmente a medida que la espada ganó curvatura,
agudeza, solidez y se hizo más adecuada para ser dominada con ambas
manos. En la segunda mitad de la época de Muromachi (1336-1573) se
formaron varias escuelas del kendo, en cuyos secretos el maestro

剣道

下定雅弘（中国文学者　剣道五段）

【定義と名称】

　剣道は日本で成立した武道の一つである。その源流は日本刀を武器とする剣術だが、長い時を経て戦闘技術としての実用性を離れ、修養・護身・体育等、広汎な目的を持つ文化として発展してきた。日本での剣道の発展普及を担っている全日本剣道連盟が制定した剣道の定義によれば、「剣道は剣の理法の修錬による人間形成の道である」（1975年制定）。

　「剣道」の名称が公的に用いられるようになるのは、1926年改正の「学校体操授業要目」が最初である。江戸時代は「剣術」、明治時代には「撃剣」の語が多く用いられ、大正時代には「剣道」が主になり、昭和に入ってからは「剣道」以外の名称はほとんど用いられなくなった。

【歴史】

　操刀技術の工夫は、奈良時代の日本刀の誕生と共に始まる。反りがあり折れず曲がらず極めて鋭利な、両手で操作する日本刀の完成・発展に伴い、操刀技術も精錬されていった。室町時代後期には、師から弟子に受け継がれる流派が成立。

　江戸時代に入って隆盛したのは、徳川将軍家指南となった柳生の「新陰（影）流」と、伊藤派「一刀流」である。他に宮本武蔵の二天一流、薩摩の示現流、馬庭念流など著名な流派が続出した。

　また、技術と理論の深化がはかられて、儒教・老荘・仏教等

instruyó al discípulo.

En la época de Edo llegaron a prosperidad el estilo de Shinkage de la escuela de Yagyu, que se ganó el puesto del instructor de la familia del shogun Tokugawa y el estilo de Itto de la escuela de Ito. Además aparecieron uno tras otro los célebres estilos como el de Nitenichi de Musashi Miyamoto, el de Jigen en Satsuma (Kagoshima actual)o de Maniwanen, etc.

En esa época se trató también de profundizar la técnica y la teoría así que se escribieron los libros sobre la teoría del arte marcial bajo las influencias del confucianismo, la filosofía de Lao-Tse y Zhuangzi, del budismo, etc. Esta tendencia la representan *Fudochishinmyoroku* (*Memoria misteriosa de la sabiduría firme de Dios*) escrito por Takuan, *Heihokadensyo* (*La estrategia transmitida en la familia)* escrito por Munenori Yagyu y *Gorinnosho* (*El libro de cinco anillos*) escrito por Musahi Miyamoto. Las siguientes máximas mandadas en *Gorinnosho* se recalcan aún hoy en los dojos (salas en las que se practica el kendo) a menudo. "¡ Fortifícate la mañana y la tarde!" (*Volumen de la tierra*), "¡Da un golpe al oponente en un ritmo!" (*Volumen del agua*)," "¡Mira al oponente desde lo alto!" (*Volumen del fuego*)," "¡Toma postura sin tomar postura!" (*Volumen del viento*), "¡Abre los ojos doblemente para ver el corazón y las cosas alejando las nubes de duda!" (*Volumen del aire*).

Al llegar el tiempo pacífico en la época de Edo, el kenjutsu perdió el aspecto batallador y las escuelas tendieron a cerrarse dejando los intercambios recíprocos. No obstante, desde que los protectores de cara (men), antebrazo (kote), tronco (do) fueron inventados en el período medio de Edo, el entrenamiento se llevó a cabo usando la espada de bambú (shinai) y esos protectores, lo que es el prototipo del kendo de

の思想の影響を受けながら武芸理論書が書き著わされた。代表的な書に、沢庵の『不動智神妙録』、柳生宗矩の『兵法家伝書』、宮本武蔵の『五輪書』等がある。『五輪書』の次のような言葉は、今も稽古の場でよく言われる。「朝鍛夕錬」（地之巻）、「一拍子で打て」（水之巻）、「敵は見下ろせ」（火之巻）、「構えありて構えなし」（風之巻）、「観見ふたつの眼［心を見る眼と物を見る眼］を開き、迷いの曇りを消せ」（空之巻）。

　江戸時代は平和の到来により、剣術は戦闘性を失い、流派同士の交流もなされず閉鎖的となる傾向があった。しかし、中期に、面・小手・胴の防具が発明されると、竹刀稽古が行われるようになった。これが今日の剣道の原型である。幕末には北辰一刀流・神道無念流・直心影流・鏡心明智流等、新しい流派が次々と現れた。

　明治になり一時期は廃れるが、1895年、大日本武徳会が設立され、武道教員の養成、道府県支部の結成、武徳殿建設等を行い、剣道の普及に努めた。流派の統一も武徳会によってはかられ、1912年「大日本帝国剣道形」（太刀の形七本・小太刀の形三本）が制定されて、剣道は全国的に組織化された。また1911年、学校の正式科目になり、剣道は大いに発展。戦争中は国家主義的色彩を強めながら体育の花形になっていった。

　敗戦により、連合軍統治の下、剣道は国威発揚の手段だったとして、全面的に禁止され、武徳会は解散させられた。これに対して、1950年、剣道を母体とし新しいスポーツとして考案され、公認されたのが「しない競技」である。講和条約が発効した1952年には、全日本剣道連盟が結成されて剣道はスポーツとして再出発。1953

hoy. Hacia el final de la época de Edo aparecieron nuevas escuelas una tras otra como Hokushinittoryu, Shintomunenryu, Jikisinkageryu, Kyoshinmeichiryu, etc.

Después de la entrada en la época de Meiji el kendo pasó temporalmente de moda, pero el Dainihonbutokukai, la Unión de la Virtud de las Artes Marciales de Japón establecida en 1895 se dedicó a la propagación del kendo, esforzándose por formar a los instructores del budo, las artes marciales, constituir las sedes locales de la Unión en todas las prefecturas, edificar Butokuden, la sala central del ejercicio, etc. La Unión trató también de unificar las escuelas así que fueron en 1912 determinado "los estilos del kendo del Imperio Japón" en los que se usaban siete espadas largas y tres cortas. De este modo el kendo se organizó en todo el país, fue integrado en la disciplina oficial de la educación física escolar en 1911 y prosperó mucho. Durante la Segunda Guerra Mundial el kendo se hizo un eje del deporte intensificando la tendencia nacionalista.

Después de la Guerra GHQ (Comandante Supremo de las Potencias Aliadas) prohibió totalmente el kendo debido a que había desempeñado el papel de realzar dignidad nacional, mandando al Butokukai dispersarse. Entonces en 1950 algunos interesados inventaron una nueva disciplina "Shinai"-juego basándose en el kendo, obteniendo sanción de la autoridad competente. Al entrar el Tratado de Paz en vigencia 1952, la Unión del Kendo Japonesa, UKJ se inauguró y el kendo nació de nuevo como una disciplina deportiva. En 1953 ganó aprobación de practicarse también en la clase escolar. El kendo disfruta hoy de la divulgación amplia sin distinción de edad ni de sexo.

【El kendo de nuestro tiempo】

El campeonato nacional de Japón a la cabeza, se celebran un gran

年には学校でも行えるようになり、今日では老若男女を問わず広汎に普及している。

【現代の剣道】

　戦後の剣道は競技が極めて盛んである。現在、全日本剣道選手権大会・全日本都道府県対抗剣道優勝大会・全日本東西対抗剣道大会・全日本学生剣道選手権大会・全国教職員剣道大会・全日本実業団剣道大会・全国警察官剣道大会・全国高校総体剣道大会等が行われている。女子の剣道は、1962年に第1回女子剣道選手権大会が催され、その後、高校・大学を中心に女子の大会も数多く行われるようになった。また1967年、全日本剣道連盟は、世界10ヶ国から選手を招待して国際親善試合剣道大会を開催、これがきっかけで、1970年には国際剣道連盟 International Kendo Federation (IKF) が創設され、同年第1回世界剣道選手権大会が日本で開催された。以後、3年おきに世界各地で開催されている。

【構えと技】

　剣道の構えには、中段の構え・上段の構え・下段の構え・八双の構え・脇構え等がある。中段が構えの基本である。打突部位は着装した防具の、面・小手・胴・突き（咽喉）の部位である。この部位を「充実した気勢、適正な姿勢をもって、竹刀の打突部で打突部位を刃筋正しく打突し、残心あるもの」（全日本剣道連盟「剣道試合・審判規則7」）が、試合における有効な打突とされている。残心とは、「打突した後に油断せず、相手のどんな反撃にも直ちに対応できるような身構えと気構え」（全日本剣道連盟『剣道指南要領』、2008）をいう。

　技は、「面」「小手」「胴」「突き」が基本技であり、これを応用した多数の「仕掛け技」と「応じ技」とがある。どんな技であっても

número de competiciones del kendo en posguerra; mientras que hay los encuentros de las delegaciones regionales como el partido interprovincial de Japón o el campeonato de competición Este-Oeste, se celebra el campeonato nacional de varias categorías, convocando los universitarios, los profesores, los obreros, los agentes de policía, los estudiantes de bachillerato etc. En cuanto a la competición femenina, el primer campeonato nacional femenino tuvo lugar en 1962, dando origen a que posteriormente se celebraran muchas competiciones femeninas de las universitarias y las estudiantes de bachillerato. Además en 1967 UKJ celebró la competición amistosa internacional invitando los participantes extranjeros de 10 países, lo que motivó el establecimiento de la International Kendo Federation (IKF) en 1970. A partir de que en mismo año se inauguró en Japón, el campeonato internacional del kendo tiene lugar cada cuatro año en diferentes ciudades del mundo.

【la posición, la técnica】

Hay distintas posiciones en el kendo; la posición media, alta, baja, la de hasso, la de lado etc. Principal es la posición media. Los puntos de contacto a los que está permitido el ataque es men (cara), kote (antebrazo), do (abdomen) y tsuki (garganta) del bogu (aparato protector). En el combate "es considerodo como efectivo el golpe vertical del shinai a estos puntos en adecuada posición, siendo lleno de vigor y teniendo el zanshin" (*La regla 7 del juicio en el combate del kendo,* UKJ). El zanshin significa la postura corporal y mental que permite corresponder pronto a cualquier contraataque del oponente después de que le atacara. (*Los trucos de enseñanza,* 2008, UKJ).

Las técnicas esenciales constan de men, cote, do, tsuki y aplicando estas técnicas se derivan muy variadas ataques en el provocador y el

充実した「先」の気勢で攻め、全身全霊で打突するのが剣道の要諦である。

【段位・称号】

全日本剣道連盟の規定により、剣道には段位・称号の制度がある。段位はかつては初段から十段まであったが、2000年に八段までとされた。段の審査は五段までは地方審査であり、六段以上は全日本剣道連盟による全国審査である。なお受審は、昇段後、その段位の年数を経過して初めて資格を持つ。例えば、五段に昇段した者は以後五年を経て六段を受審できる。ただし八段については、年齢は46歳以上、七段受有後10年以上の修行が必要である。審査は各段位に求められる技量に即して行われる。合格率は段位が上るほどに低くなるが、八段審査は合格率が１％にも満たない厳しいものである。2019年３月現在、日本の剣道人口は約100万人、八段は約600人である。

段位は主に技の実力によって評価されるが、称号は実力に加えて指導や普及に対する貢献度が評価の条件となり、錬士・教士・範士が設けられている。通常、錬士は六段以上、教士は七段以上、範士は八段の者の中から選ばれる。

剣道は多年の修行を必要とする武道である。だが逆にいえば、他の多くの武道が歳をとれば継続が困難であるのと異なり、生涯続けることができる生涯スポーツである。(HP31，32号)

correspondiente. El meollo del kendo es embestir con espíritu de iniciativa, golpear con todo el cuerpo y alma en cualquier ataque.

【El dan y el título】

El kendo otorga graduaciones y títulos, según dispone la UKJ. En cuanto a las graduaciones existieron antes 10 grados desde primero hasta décimo dan, pero en 2000 el octavo fue declarado como supremo. La obtención de los grados superiores al quinto dan está regulada por la UKJ mientras que la de los grados inferiores por las sedes locales. Los aspirantes tienen que entrenarse al menos durante tantos años como su dan hasta que cumplan con los requisitos para presentarse al examen del siguiente dan. Por ejemplo, quien ha recibido el quinto dan, se le exige esperar 5 años antes de tomar el examen del sexto dan. Sin embargo, los requisitos para el octavo dan son especiales; se requiere una edad mayor de 45 años y un entrenamiento más largo de 10 años después de subir al séptimo dan. Los aspirantes son examinados basándose en el criterio que es estipulado según cada grado, y el porcentaje de aprobación es más bajo a medida que el dan se eleva. El examen del octavo es tan exigente que lo aprueba menos del uno por ciento de los aspirantes. En marzo de 2019 se dedican a la práctica del kendo alrededor de un millón de personas, dentro de los cuales más o menos 600 tienen el octavo dan.

Mientras que el grado (dan) se tasa principalmente conforme a la capacidad práctica, el título se evalúa también según la contribución a la dirección o la propagación del Kendo. Tres títulos son establecidos: renshi (caballero entrenador), kyoshi (caballero enseñador) y hanshi (caballero ejemplar). Normalmente renshi debe tener el dan más alto del sexto, kyoshi del séptimo y hanshi del octavo.

El kendo requiere el entrenamiento de muchos años. Sin embargo, al contrario de otros budos en los que el envejecimiento hace difícil proseguir con el ejercicio, el kendo es una disciplina de toda la vida. (HP, Nr. 31, 32)

ぜん に ほんけんどうれんめい ご ていきょう
全日本剣道連盟御提 供
Ofrecido por la Union del Kendo de Japón

El sumo

Los documentos históricos más antiguos de Japón, Kojiki y Nihonshoki se refieren al sumo algunas veces, y el dato más conocido sería el siguiente; a Taimano Kehaya de Yamato, quien estaba orgulloso de ser el luchador más fuerte del mundo, y Nomino Sukune de Izumo, les dio el Emperador Suinin la orden de Sumai toru (de luchar por sumo). En este primer combate del sumo honrado con la observación imperial no hubo ni un Dohyo (un círculo de la lucha), ni un Gyoji (un árbitro) y la lucha duró hasta que uno u otro perdiera el ánimo o muriera. Sukune le dio patadas fracturándole la costilla a Kehaya, entonces le mató rompiéndole la cía con los pies. En virtud de esta leyenda de edad de tumba antigua los interesados del sumo consideran el santuario dedicado a Sukune en Sumida de Tokio como "Tierra Santa" rindiéndole culto como el fundador.

Desde antigüedad les gustaba el sumo a los japoneses más que otras artes marciales. Ellos tomaban al luchador del sumo por venerable y destacado en fuerza y valentía, porque luchaba sin cualquier arma. El campeón del sumo se encargaba del rito sintoísta representando al ser humano. Unos de sus actos rituales aún quedan. Un ejemplo es el shiko (cuatro muslos); Al llegar el trabajo agrícola a la fase clave, se trataba de rezar al alma de los antepasados para una buena cosecha de arroz y otros cereales, y suprimir el mal espíritu en la tierra. En ese momento el campeón se purificaba desnudado, arrojaba sal purificadora y pisaba fuertemente la tierra con ambos pies que elevaba en alto alternativamente. Subyugaba el shiko (醜＝monstruo) por la fuerza del shiko.

相撲

　古の事績を伝える記紀は相撲を数度取り上げている。中でも名
高いのは、天下無双の膂力を豪語する大和のタイマノケハヤと
出雲のノミノスクネの両雄に垂仁天皇が力比べを命じ、「スマイ
トラセ」た一件だ。この初の天覧試合には土俵もなければ行司も
なく、闘いはいずれかが戦意を失うか死ぬまで続いた。スクネは
ケハヤのあばらを蹴って折り、腰骨を踏み砕いて殺す。古墳時代の
この故事によりスクネは相撲の祖と崇められ、東京墨田区の野見
ノスクネ神社は相撲関係者の聖地とされている

　古来日本人にとって武道のうち徒手空拳で闘う相撲は格闘技の
華、相撲の王者は膂力に秀でた武人として尊ばれ、最強の相撲
人は俗界を代表して神事に臨んだ。その折の所作のひとつが四股
である。稲作の大事な節目、豊作・五穀豊穣を祖霊に祈願し地下
に潜む悪霊を封じるため、身を清めた裸体の力士が清めの塩をま
き、足を左右交互に高く上げ強かに地を踏む。四股の力で醜を退
治するのだ。

　歴代の朝廷も幕府も相撲を好んだ。組打ちの合戦に必須の武芸
として重視されたのだ。相撲はまた多くの人々の目を楽しませた。
祭礼などで挙行される奉納相撲は庶民が見物に集まる娯楽でもあっ
た。そこに目を付けた寺社が神殿・仏殿の建築や修理などの募金
を集めるため、鎌倉末期から境内でたびたび勧進相撲を催すよう
になる。やがてそれが地方巡業も含め営利的な相撲興行へ発展
するに伴い、セミプロの相撲人（力士）が形成される。こうして

No solo la corte sino también el shogunato eran generalmente amigos del sumo ya que era un arte marcial imprescindible para la lucha cuerpo a cuerpo en la batalla. Al pueblo por su parte le gustaba mucho observar las peleas del sumo, que se celebraban en fiestas como una ofrenda a los templos o santuarios. Poniendo los ojos a la popularidad del sumo, las instituciones religiosas empezaron hacia el fin de la era de Kamakura a realizar las peleas del sumo (Kanjinzumo) en su recinto con motivo de recaudar de los espectadores el donativo para construir o reparar los edificios. No se tardó mucho hasta que estas atracciones eventuales se convirtieran en las empresas comerciales regulares formando los sumaibito (Rikishi) semiprofesionales que acompañaron a espectáculos celebrados en gira por varias regiones. Así el sumo se volvió en un deporte profesional más temprano mientras que otros deportes tradicionales quedaron aficionados.

En la época de Genroku de la era de Edo el kanjinzumo irregular llegó a ser constante contando con mucha popularidad. Un espectáculo duraba 10 días con suspensión en caso de lluvia. Había una frase de Senryu en la época de Edo; "Un año consta de solo 20 días para este buen hombre." Se trató del rikishi que presuntamente no trabajaba al año nunca más que durante una liga de primavera y otoño que duraba 10 días sin lluvia en Edo. Sin embargo, su estado no era tan envidiable porque tenía que participar también a otras ligas en Osaka y Kioto por orden, no cobrando bastante a pesar de estar muy atareado. Por otro lado los rikishi famosos que fueron empleados en servicio por señores feudales disfrutaban de una vida lujosa. Pues los samurai tenían la tradición de favorecer el rikishi, y los señores solían patrocinar a los rikishi famosos. Tanikaze, muy célebre como un Yokozuna (gran campeón) prestigioso, fue invitado

相撲は他の武道と異なり早い段階から職業化、興行化の道を辿った。

　江戸元禄期に入ると勧進相撲は年中行事となり、大いに繁栄する。興行は晴天10日を一場所とした。「一年を20日で暮らすよい男」という当時の川柳は、春秋の江戸二場所で年に20日土俵を勤めれば、あとは遊んで暮らす力士の気楽な生活を揶揄したものだが、実のところ場所は京都、大阪、江戸の三都で順繰りに開かれており、多忙なわりに力士の待遇は悪かった。ただし武家には相撲贔屓の伝統があり大名に召し抱えられた人気力士は特権を享受した。名横綱の誉高い谷風は米沢の伊達藩に、残した手形が伝説のプロレスラー、ジャイアント馬場のそれより1センチ大きい雷伝為衛門（大関）は出雲の松平藩に招聘された。この時期の相撲風俗を大相撲[1]は固守しており、力士の髪型、化粧まわし、呼び出しの使う扇子、手桶、拍子木などの小道具、行司の派手な装束などが、江戸情緒を醸し出す仕掛けになっている。

　このように幕藩体制と固く結ばれていた勧進相撲は、その後時代の波に翻弄されながらも、しぶとく生き延びる。明治維新が始まると、文明開化に逆行する前近代的蛮風として批判を浴び、存亡の危機に晒されるが、およそ十年後には日清戦争、さらに日露戦争が勃発、これを機にナショナリズムの風潮が強まるなか明治天皇の庇護を受け、大相撲は息を吹き返す。その次の危機は太平洋戦争直後だった。GHQは日本社会に根付いたファシズムの一掃を図り、政策の一環として戦闘技術に関わる古式武道（柔道、剣道など）に禁令を下したが、意外にも相撲を禁圧の対象から外した。大相撲が娯楽として大衆に深く根付き、愛されていていることか

al señorio de Date en Yonezawa, y Tameemon Raiden, el Ozeki (campeón) gigante, cuya huella de mano es un centímetro más grande que la de Giant Baba, el legendario luchador profesional de lucha libre, al señorio de Matsudaira en Izumo. El ozumo[1] mantiene muchas costumbres de la época de Edo. El rikishi sube al dohyo con oicho, un estilo del peinado y en taparrabo con Keshomawashi, un delantal decorativo y llamativo. El yobidashi (pregonero) usa sensu (abanico japonés), teoke (cubo de madera), hyoshigi (tablillas) etc., utensilios tradicionales. El gyoji (árbitro) se viste con el traje como un actor del teatro de Noh. Así en gimnasio todo parece ser el mecanismo que crea un ambiente del tiempo de Edo.

Vinculado así sólidamente con el sistema feudal del bakufu de Edo, el ozumo se enfrentó luego varias veces a pruebas, no obstante superó las situaciones críticas a la manera tenaz. A medida que la Restauración de Meiji socavó la estructura feudal en la sociedad, el ozumo fue sometido a tantas duras críticas como si fuera una reliquia bárbara y contraria a la civilización moderna que cayó en un peligro de extinción. Sin embargo, unos diez años más tarde, debido al estallido de la guerra contra China (1894) y después contra Rusia (1904), la tendencia nacionalista fue tan al alza que el ozumo cobró aliento consiguiendo la protección del Emperador Meiji. La próxima crisis del ozumo vino, cuando la Segunda Guerra Mundial finalizó, porque la GHQ intentó extirpar de la sociedad japonesa todos los remanentes fascistas, como parte integrante de los cuales proscribió por ejemplo las artes marciales tradicionales (judo, kendo etc.) concernientes a técnicas del combate. Lo extraño fue que se excluyera el ozumo de la lista de la prohibición. Se supone que la GHQ tuvo que tolerar al ozumo ya que estaba arraigado profundamente como

ら、GHQ も特別な配慮を示さざるをえなかったようだ。

　　戦後も大相撲は大衆の人気に支えられ、一年六場所の興業を
順調に営みながら、「相撲競技の指導や普及、相撲に関する伝
統文化の普及」に努めているが、実のところ日本相撲協会は多く
の問題を抱えている。力士たちの間には度々反社会集団が取り仕
切る賭博への関与が指摘されている。それ以上に大きな問題は、
身分の下位の者への野蛮ないじめや暴力行為の芽が角界特有の封
建的な制度に潜んでいることで、2007年には親方の教唆により兄
弟子たちが「やる気のない」新弟子に稽古の名目で暴行を加え殺害
するという事件が起こっている。格付けの低い力士を無給で奉仕
させるといった酷薄な身分制度を解体しないかぎり、今後も同様の
事件が起こらないという保証はない。(HP57号)

註
１．1927年大日本相撲協会が発足、これを機に協会が主催する相撲興
　　行を大相撲と称するようになった。

un entretenimiento en la vida del pueblo y era querido como tal.

También en la posguerra el ozumo sigue dando bien el espectáculo seis veces anualmente sostenido por la popularidad, esfuerzandose en "guiar y propagar el sumo y difundir la cultura tradicional sobre el sumo", pero la Asociación de Luchadores del Sumo Japonesa tiene en realidad muchas cuestiones que resolver. Se descubre a menudo la participación de no pocos rikishi en el negocio de compraventa de victorias por tongos dirigido por boryokudan, la mafia japonesa. El problema más grave es que hay algunos brotes de hostigamiento y violencia bárbara latentes en el sistema feudal propio al mundo del ozumo, lo que se actualizó en el escándalo de que en 2007 un discípulo joven y poco emprendedor fue a titulo del entrenamiento linchado a la muerte por sus condiscípulos mayores incitados por el maestro. Sin abolir el sistema jerárquico en el que los rikishi en el rango bajo son obligados a prestar servicios no pagados, el ozumo no podrá superar fácilmente la dificultad semejante. (HP, Nr.57)

Nota:

1. En1927 se fundó la Unión del Sumo de Japón. La Unión denominó entonces el espectáculo del sumo profesional que ella misma administra Ozumo, gran torneo del sumo.

VIII- 4　Tora, el jugador

Un cuarto de siglo ya ha pasado desde que la serie de la película cómica *Otoko wa tsuraiyo* (Es duro ser un hombre) se terminó con la muerte de Kiyoshi Atsumi quien interpretaba al protagonista Torajiro Kuruma, alias Tora, el charlatán. No obstante en la tele se emite tan a menudo alguna de las 50 obras de la serie que Tora todavía no parece ser una persona del pasado. Esta serie se producía dos veces al año durante 20 años desde 1969 así que figura en el Guinness como la película de la serie más larga del mundo. Teniendo un gran éxito desde la novena obra sostuvo a la compañía productora de películas Shochiku, que había ido en declive, durante 20 años con una audiencia de aproximadamente 2 millones. Además, después de que se le galardonó el Premio de Honor Nacional a Atsumi póstumamente como segundo actor del cine, la serie se hizo legendaria en la historia del cine japonés.

El proponente de Tora, el charlatán era el director nuevo Yoji Yamada, quien quería reproducir los cuentos sentimentales de rakugo de Edo en los barrios populares de Tokio en la época de Showa. Pero, el proyecto de la obra *Otoko wa tsuraiyo* no fue apoyado en el comité de programación de Shochiku, porque pareció una burda repetición de la telecomedia que Yamada mismo antes había realizado. Sin embargo el presidente Shiro Kido estimó desde antes el talento de Yamada, y el plan fue aceptado por un real decreto.

La primera obra de 1969 comienza con la vuelta improvisa de Tora a Toraya, una tienda de dango (las bolas de harina de arroz cocida al vapor), que era su casa paterna. A la edad de 16 se escapó de ahí después

フーテンの寅

　喜劇映画『男はつらいよ』シリーズが、主人公フーテンの寅こと車寅次郎を演じる渥美清の死とともに幕を閉じ、すでに四半世紀が経つ。だがテレビではシリーズ50作のどれかがたびたび放映されており、寅はいまだ過去の人という気がしてこない。1969年から年二本のペースで制作され、世界最長の連作映画としてギネスブックに登録されたこのシリーズは、第九作以降長年にわたり200万人前後の観客を動員して、落ち目だった邦画産業松竹を支え、また没後渥美が映画俳優として二人目の国民栄誉賞に輝くとともに、映画史に屹立する記念碑的作品となった。

　フーテンの寅の生みの親は新人監督時代の山田洋次だ。江戸落語の人情噺を昭和の下町で再現すべく、山田が提案した作品『男はつらいよ』は、山田が同じ趣旨で制作したテレビコメディーの二番煎じの観があり、松竹の企画会議は気乗り薄だったが、山田の才能を買っていた城戸四郎会長の鶴の一声で上映が決まった。

　第一作（1969）は寅次郎が実家の団子屋「とらや」に飄然と戻ってくるところから始まる。十六の歳で父親と大立ち回りを演じた末に家を飛び出した寅が、その後テキヤの渡世稼業で諸国を渡り歩く一方、店は父の死後叔父夫婦と腹違いの妹さくらが継いでいる。二十年ぶりに寅を迎える葛飾柴又はまさに江戸落語の長屋の世界、寅は名前からして熊さん、八っあんの同類項で粗忽なお人好し、人々は意地の張り合いや早合点から派手なつかみ合いを演じ

de una riña terrible con su padre y vagabundeaba por todo el país como charlatán. Entretanto su padre había fallecido y su tío heredado la tienda, viviendo ahí con su esposa y Sakura, su hermana política nacida de la madre diferente. El barrio de Katsushika Shibamata al que Tora después de 20 años regresó, es precisamente el mundo del rakugo de Edo. Conforme a su nombre Tora (tigre) es semejante a Kuma (oso) o Hachi (ocho), los protagonistas bonachones y atolondrados, vecinos en nagaya del rakugo. De vez en cuando ellos caen en disputa ruidosa debido a una obstinación o un juicio apresurado, pero la enemistad se funde pronto en sentimientos humanos. Por eso Shibamata es un mundo de cierto tipo de la utopía.

Naturalmente en el foco del disturbio se halla siempre Tora. Para ocuparse con un trabajo serio es demasiado bohemio, o sea pueril, por lo que se enamora de una dama inaccesible, entonces se conoce a sí mismo, parte de un viaje otra vez entristecido – este es el modelo del comportamiento de Tora en la serie. Pero quien es pueril es generalmente también puro. Lleva normalmente solo un billete de mil yenes en su cartera, no porque tiene poco sueldo. Los charlatanes japoneses están en una jerarquía estricta en la que Tora goza de un cierto rango alto, teniendo privilegio de vender artículos en ferias. Dicen que los charlatanes de menor rango ganan entre 400 y 500 mil yenes al mes y el mal de dinero crónico de Tora será el resultado de la estética de caballerosidad de no dejar a los necesitados en un apuro. Sus lenguas son a veces rudas, pero su mirada hacia los débiles es sumamente afable, y ante su "madona" sobre todo se porta como un caballero. Sin embargo, su aventura no resulta nunca ser correspondida, no puede aun estrechar la mano a ella. No obstante, en *Torajiro y su amor de hortensia*, la

たりするものの、敵意はたちまち濃密な人情に包まれて氷解する。ここは一種のユートピアなのだ。

　むろん騒動の震源はいつも寅だ。堅気の仕事が務まらない彼の自由奔放さは幼児性と背中合わせ、高嶺の花であるマドンナに懸想しては、やがて身の程を知り傷心を抱えて旅に出る、これがシリーズを貫く寅の行動パターンだ。だが幼児性は純粋さにも繋がる。財布の中にたいてい千円札一枚しか入っていないのは、実入りが乏しいからではない。テキヤ稼業には厳しいタテの秩序があり、縁日で商いをする寅は地位が高いはず、下っ端のテキヤでも月収は四・五十万あるというから、寅の慢性金欠病は困っている人を放っておけない任侠の美学のツケなのだろう。言葉は時に粗いものの寅が弱者に注ぐ眼差しは暖かい。そして美女にはまさに騎士として仕えようとする。そして大抵マドンナの手すら握れないまま片思いに終わるのだ。唯一『寅次郎紫陽花の恋』（第29作）では、いしだあゆみ演じる寡婦とのニアミスの場面がある。ところがいしだが触れなば落ちんという風情で枕元に座り込んだというのに、寅は狸寝入りを決め込むのだ。大阪の映画館ではこの場面である酔客が「いてまえ、いてまえ！」と喚いたところ、別の観客が「アホ！　寅はそういうことせえへんのがええとこやないか！」と切り返し、館内がどっと笑いに包まれたという。シリーズ初期の作品が寅の下衆な地金を見せたのは確かだ。だが映画が人気を呼ぶにつれ、寅の性格が浄められある種の品格を示すようになったのは、観客との一種の共同作業の所産と呼んでもよいだろう。

　このシリーズの魅力の一つは、何といっても俳優渥美清の演技

vigésima novena obra ocurre una "casi colisión" con una guapa viuda interpretada por Ayumi Ishida. Una noche Tora nota que la viuda se sienta intencionalmente cerca de su cabecera, como si estuviera lista a ofrecerse a Tora, pero él comienza a roncar fingiendo estar dormido. Dicen que en un cine de Osaka un espectador borracho gritó al ver esa escena: "¡Hazlo, hazlo, Tora!" y otro replicó en seguida: "¡No sea tonto! Nuestro Tora no es tan vulgar!, ¿verdad?" Entonces la sala se envolvió en una risotada, según dicen. Seguramente en la primera etapa de la serie Tora reveló de cuando en cuando sus rasgos natos, pero cuanta más popularidad ganó la serie, tanto más se purificó su carácter. Su imagen humorística, y casi refinada en la última etapa es el fruto del trabajo cooperativo entre el productor de la película y el público en un sentido.

El atractivo de esta serie se origina sobre todo de la maravillosa representación del comediante Atsumi. Su cara que se parece a una geta (zueco japonés) desgastada, nos pone tranquilo haciendo sentir nostalgia sin razón, a pesar de que Atsumi era realmente un poco agrio de carácter. Además ejerció como comediante en el período dorado de la comedia ligera en Teatro Francés en Asakusa, lo que hizo difícil hallar a un actor que pudiera rivalizar con él en el arte de la narración. El personaje Tora ganó su magnífica consistencia posiblemente en virtud del actor Kiyoshi Atsumi. (HP, Nr.16)

力だろう。渥美本人にはいささか狷介な面もあったというが、あの「ひしゃげた下駄みたいな面」は見る側の心を武装解除させ、何かしら郷愁を誘う。また浅草軽演劇の黄金時代に「フランス座」で修行を積んだ渥美の語りの技に、適う役者は探すのが難しい。寅次郎の人物像は渥美という役者の肉付けを得てこそ、あの妙味を醸しだしたのかもしれない。(HP，16号)

柴又帝釈天の門前町にある団子屋「とらや」は寅の実家として、第四作まで家族団らんの舞台となった。

El Toraya, la tienda del dango, bola de harina de arroz cocida al vapor, en el barrio del templo Taishakuten en Shibamata, se hizo un escenario de la vida de familia, como la casa paterna de Tora, hasta la cuarta serie de la película.

あとがき

　2012年に開設した拙作HP『スペイン語を話す人々のための日本事典』を母体として拙著『日本文化の通になる―そのⅠ』を出版したのは2020年3月のことだ。当時HP57号までに書き溜めた記事は200本を超えており、そこから新たに3〜40本を選んで加筆修正を施し、同年のうちに続篇そのⅡを出版するはずだった。計画が遅れたのは停年退職後仕事場の一つと定めていた某大学の有料図書館から、コロナ禍の影響で学外者が締め出され、この館の図書類を基に作成した原稿のファクトチェックが難航したためだった。地元の公立図書館もこの間業務が縮小されがちで、図書の確保に多くの時間を要した。また加齢に伴う体力の低下も、作業が遅滞した一因だ。そんなわけで、今後続篇Ⅲの出版に漕ぎつけられるかどうかは疑わしい。HPに寄せて下さった友人・知人の論稿の多くを出版できないままに終わることになった場合は、ご寛恕いただくようお願いするほかない。いずれにせよ、この間社会の変動とともに新たな社会現象や言語現象が多々生じており、それらをめぐりとりあえずは60号を目途にしてHP（URLはこの間 esjapon.info に刷新）の継続に努めたい。なお、HPの記事は『日本文化の通になる―そのⅠ』の「あとがき」欄に一括して掲載されている。

遠西啓太の略歴と業績：1969年京都大学文学部卒、1995年名古屋大学博士（文学）、2010年スペイン語技能検定試験文部科学大臣奨励賞
代表的な業績（和文）：単著「理念と肉体のはざまで」（1997年人文書院）、監訳「照らし出された戦後ドイツ」（2000年人文書院）、共訳「ケラー作品集」第三巻（1987年松籟社）、「ゲオルク・ビューヒナー全集」（2011

年鳥影社)、対訳書「日本文化の通になる I」(2020年朝日出版社)、論文「犯罪責任を問う文学」(2001年岩波書店「文学」第二巻六号)

カルロス・リベロスの略歴

Carlos Alberto Riveros Jerez (1975-), Profesor Asociado de la Universidad de Antioquía

Distinción excelencia docente, por el área de las Ciencias Exactas y Naturales, Ingeniería y Ciencias Económicas, 2012.

日本文化の通になる
スペイン語を話す人々のための日本事典 I

目次 Índice de materias

4 脳死について ―揺れ動く生と死、出産する「死んだ」妊婦
Sobre la muerte cerebral — se balancean muerte y vida. Las mujeres encintas "muertas" alumbran a un bebe

5 やくざの語源は塵、芥
Yakuza significa etimologicamente polvo o basura

その VI | 現代日本の俗語
Vulgarismo en Japón actual

1 かわいい
Kawaii (cariñoso)

2 今年の漢字（2014）
El kanji de este año (2014)

3 新語・流行語大賞（2012）
Premios a las nuevas palabras y a las palabras de moda (2012)

4 半端ない ―大迫も、大坂も
Hanpanai es no solo Osako, sino también Osaka

5 ピカチュウたちの金メダル
"Les petits Pikachus" consiguieron la medalla de oro

その VII | 日本人の食
Gastronomía japonesa

1 寿司
Sushi

2 正月料理 ―雑煮とおせち
La comida del Año Nuevo — Zoni y Osechi

日本文化の通になる
スペイン語を話す人々のための日本事典Ⅱ

2023年2月28日　初版発行

著　者	遠西啓太
発行者	原　雅久
発行所	株式会社　朝日出版社

101-0065 東京都千代田区西神田 3-3-5
電話 (03)3263-3321(代表)
DTP：株式会社フォレスト
印刷：協友印刷株式会社